Ufa! Chega de dor

Ufa! Chega de dor

Histórias reais de quem aprendeu a controlar a dor

Fabíola Peixoto Minson

Da Boa Prosa

Preparação e edição de conteúdo: Rachel Costa
Preparação: Ricardo Redisch
Revisão: Katia Halbe
Imagens: Kleber Tangioni
Projeto gráfico: Adriana Melo
Foto da capa: Elisabeth Ansley / Trevillion Images

Dados Internacionais de Catalogação na Publicação (CIP)
(Câmara Brasileira do Livro, SP, Brasil)

Minson, Fabíola Peixoto
Ufa! chega de dor : histórias reais de quem aprendeu a controlar a dor / Fabíola Peixoto Minson. – 1. ed. – São Paulo: Editora Da Boa Prosa, 2014.

1. Dor 2. Dor - Diagnóstico e tratamento 3. Dor - Obras de divulgação 4. Dor - Prevenção e controle 5. Dor crônica 6. Histórias de vida I. Título.

14-12277 CDD-616.0472

Índices para catálogo sistemático:

11. Dor : Diagnóstico e tratamento : Medicina 616.0472

Da Boa Prosa
Alguns têm algo a dizer, outros a vontade de saber.
um selo da: livros de Safra
A gente aduba, planta e colhe palavras!

Livros de Safra
tel 55 11 3094-2511
www.livrosdesafra.com.br
Rua Simão Álvares, 663
cep 05417-030 São Paulo - SP

Dedico este livro ao Lucas, meu filho, por
seu sorriso, e aos pacientes, que todos os dias me
ensinam um pouco mais sobre as dores crônicas.

Agradecimentos

Agradeço, pela valiosa colaboração, à Rachel Costa, jornalista que entrevistou os pacientes com atenção e competência, mesmo quando estava fora do Brasil.

Agradeço também à enfermeira Marcia Carla Morete; às fisioterapeutas Simone Cristina Bifulco, Patricia Vilela Nayme Mazoni e Gisela Zancanari Veroni; aos anestesiologistas e especialistas em tratamento de dor Karina Rodrigues Romanini Subi e Fabrício Dias Assis; ao médico especialista em Termologia Marcos Leal Brioschi; ao psicólogo Jamir Sardá Junior e à dentista Sabrina de Souza Teixeira Lima, por terem compartilhado seus conhecimentos em trechos indispensáveis distribuídos pelos capítulos deste livro.

A Marcos T. Delfante, Marcio Eduardo Polo e Talita Frandini pelo apoio.

Aos membros da equipe do Centro Integrado de Tratamento da Dor, pela dedicação aos pacientes que sofrem com dores.

A Lavínio Nilton Camarim, médico conselheiro do Cremesp, pelas orientações.

E, naturalmente, ao Sergio, meu marido, pelo incentivo, e aos meus pais, José Augusto e Thelma, pelo exemplo.

Sumário

Todos os capítulos desta obra contam casos clínicos reais, atendidos em diversos serviços públicos e privados de dor no Brasil. Foram obtidos por meio de entrevistas dos pacientes à jornalista Rachel Costa e, posteriormente, submetidos à aprovação de cada um dos entrevistados. Por questões de preservação da identidade, os nomes aqui apresentados são fictícios, exceto o de Marília e Paulo Egydio, que optaram por manter seus nomes reais para dar melhor dimensão da história contada.

Prefácio

De alguém que já sofreu com a dor

A Dra. Fabíola é uma das maiores especialistas e estudiosas da dor que conheço e sei o quanto o seu trabalho tem ajudado a melhorar a qualidade de vida das pessoas que padecem desse mal.

A medicina e seus avanços são uma das provas mais cabais de que o homem se supera a cada dia e de que não há barreiras quando se tem empenho e força de vontade para buscar descobertas. Cientistas, estudiosos, médicos dedicados, equipamentos e, principalmente, um novo olhar da medicina sobre os pacientes têm levado a mudanças radicais e gerado resultados merecedores de aplausos em relação à longevidade dos seres humanos – cada vez maior.

Eu, em particular, tive minha vida posta nas mãos de excelentes médicos que me ajudaram a superar um câncer, que, quando descoberto, anunciou-se com 70% de chances de não ser curado. Nesse processo, vivi períodos de muita dor e, graças a todos os predicados acima, consegui superar a fase complicada e estar aqui hoje para contar essa história.

Sou uma pessoa privilegiada e pude contar com profissionais, tratamentos e medicamentos de ponta. A dor, porém, é igual para todos. Sei que os recursos dos quais disponho me ajudaram a superar essa dor, mas acredito que a medicina tem cada vez mais se expandido e oferecido conforto a quem sofre com o problema e está comprovado que um paciente sem dor responde melhor aos tratamentos.

A dor, seja ela grande ou pequena, duradoura ou breve, sempre gera desconforto. No meu caso, raramente as pessoas do meu convívio escutam eu me queixar de estar com dor. Sou forte e sei que reclamar não vai adiantar nada, então consigo conviver sozinha com o incômodo, sem externá-lo, mas também sei que isso não é o mais correto.

Vejo muitas pessoas que padecem desse mal transformarem a dor em mau humor, em isolamento, tristeza e na eterna sensação de que o incômodo nunca vai ter fim. Quando isso acontece, as perspectivas e os sonhos parecem escapar pelos dedos e muitos amigos se afastam por se sentir de mãos atadas e sem capacidade de ajudar.

É esse cenário que parece caminhar para uma mudança, com os novos tratamentos para a dor ganhando força e espaço junto aos hospitais privados, em sua maioria, mas também nos públicos.

Ressalto que a dor deve ser enxergada como ela verdadeiramente é: uma doença que merece ser tratada com competência. Coloco todos os meus pensamentos positivos para que os avanços da ciência sejam acessíveis à população. Que os tratamentos específicos para dor acalentem os que padecem dessa agonia e lhes proporcionem uma melhor qualidade de vida.

Ana Maria Braga
Apresentadora de TV

Prefácio

De um profissional de saúde

Dor é o tema do momento e, certamente, não por um simples modismo. Além de ser o motivo mais frequente para as pessoas procurarem serviços de assistência à saúde, a dor pode tornar-se ela própria uma condição patológica de difícil compreensão e tratamento. Felizmente, o volume de informações científicas sobre o problema aumentou consideravelmente nos últimos 40 anos e já temos dados suficientes para compreender e aliviar a dor em nossos pacientes. A pergunta, portanto, é a seguinte: por que, apesar desses avanços, nossos estudos epidemiológicos sobre dor ainda indicam alta prevalência dessa queixa, além de frequente insatisfação dos pacientes com os tratamentos recebidos?

Uma possível razão é a demora para que a informação científica seja absorvida e aplicada na clínica. Outra é que muitos profissionais da saúde e mesmo os pacientes consideram como algo "normal" sentir dor. Daí ser fundamental a divulgação da problemática da dor, tanto para os profissionais da saúde, como para a população em geral. A conscientização sobre essa questão, inclusive aos gestores de saúde, torna-se mais viável quanto maior for o número de pessoas que a ela tenham acesso.

Livros de divulgação são fundamentais para resumir o conhecimento produzido e agregar a experiência dos autores, em especial daqueles reconhecidos por seu trabalho na área de dor. Quando escritos por autores brasileiros, além de acesso direto ao pensamento que os originou, também contam com a vantagem de incluir o contexto biopsicossocial em que estamos inseridos.

Por isso, em nome da Sociedade Brasileira para o Estudo da Dor, parabenizo a Dra. Fabíola Peixoto Minson, aos colaboradores desta obra e à editora Livros de Safra pelo esforço em apresentar, com linguagem clara e objetiva, o complexo tema da dor. Seus capítulos abordam diversos temas relevantes para um amplo entendimento da questão. Pacientes, público em geral e os próprios profissionais da área da saúde ainda não familiarizados com a dimensão do problema, certamente irão se beneficiar com a leitura deste livro.

José Tadeu Tesseroli de Siqueira
Presidente da Sociedade Brasileira para o Estudo da Dor
(SBED)

Apresentação

Nos últimos anos, os custos oriundos da dor crônica têm crescido significativamente. Somente nos Estados Unidos, em 1998, o Instituto Nacional da Saúde (NIH) estimava os gastos com o problema em 100 bilhões de dólares por ano. Pouco mais de uma década depois, em 2011, o valor pago pelos contribuintes por causa da dor crônica não tratada já havia saltado para mais de 323 bilhões. Nessa conta estão incluídas as deficiências e os casos de invalidez causados pelo problema, as perdas salariais, a redução da produtividade, as hospitalizações de emergência e as cirurgias inapropriadas ou inefetivas realizadas nos pacientes.

O impacto pode ser explicado pela dimensão da questão. Para se ter uma ideia, entre os 50 e os 55 anos de idade, 90% da população sofrerá algum tipo de dor oriunda da degeneração dos discos da coluna. Tomando-se apenas a lombalgia, os gastos são de US$ 579.527 por "quality-adjusted life years" (QALYs). Mesmo assim, o trabalho de controle da dor infelizmente tem sido tradicionalmente entendido como algo episódico ou que deve ser usado apenas em pacientes em fase terminal ("Quando tudo o que podia ser feito falhou, encaminhe o paciente para o centro de controle da dor"). A maior parte desses pacientes acabará na mesa de cirurgia, de 10% a 40% dessas operações irão falhar e entre 1% a 10% das pessoas se sentirão ainda pior depois dos procedimentos cirúrgicos.

Felizmente, em outras doenças crônicas, como a asma ou o diabetes, o caminho tem sido outro e o controle das enfermidades ganhou maior ênfase nos últimos anos. Nesses casos, o foco do tratamento deixa de ser reativo e passa a ser proativo. Alguns exemplos dessa mudança são os programas de educação do paciente, o estabelecimento de diretrizes clínicas e a abordagem multidisciplinar. A avaliação e o diagnóstico precoce, quando somados às diretrizes para o controle da dor, em especial nos procedimentos para os quais há evidência científica de seu êxito, podem melhorar em muito a qualidade de vida e a efetividade do investimento financeiro realizado.

No Brasil, o tratamento da dor tem melhorado e se tornado mais sofisticado nos últimos anos, tanto no que diz respeito às técnicas quanto aos treinamentos. Em todo o mundo, a medicina da dor tem deixado de ser entendida como a presença de uma pequena equipe de médicos acionados periodicamente para dar injeções nos pacientes, para ser compreendida como uma equipe dedicada e treinada, em tempo integral, de profissionais especializados no tratamento multi e interdisciplinar da dor.

Isso tem levado ao surgimento de novas técnicas e medicamentos. Os bloqueios anestésicos, agora muito mais específicos e precisos, cumprem tanto a função diagnóstica quanto a terapêutica, e se tornaram fundamentais para mensurar a eficácia de uma cirurgia ou mesmo para evitá-la. Por exemplo, em uma apendicectomia (procedimento cirúrgico para a retirada do apêndice), pode-se ter uma operação tecnicamente perfeita de retirada do órgão, mas que não terá nenhum resultado de alívio da dor caso a origem do incômodo seja a vesícula biliar. Por isso os procedimentos diagnósticos têm assumido uma função crucial na determinação dos resultados.

Entretanto, a melhoria nas técnicas ainda não tem se trasladado a tratamentos melhores e realizados mais precocemente, fundamentalmente porque tanto os médicos responsáveis pelo atendimento primário quanto os pacientes não têm conhecimento sobre essa ampla gama de possibilidades para o combate da dor. Isso faz com que, muitas vezes, o paciente nunca chegue a receber a indicação para buscar um tratamento específico para a dor ou apenas o receba tardiamente. Somente quando os pacientes tiverem fácil e rápido acesso a essas terapias específicas para a dor é que teremos melhorias nos resultados.

Por isso, são muito importantes iniciativas como essa encabeçada pela Dra. Fabíola Peixoto Minson, com a contribuição de outros especialistas, ancoradas no testemunho dos pacientes que sofreram com o problema e que encontraram alívio por meio de técnicas de controle da dor. Um livro com esse escopo é fundamental para informar a todos sobre a amplitude e o alcance dos tratamentos hoje disponíveis no Brasil e no mundo.

ANDREA TRESCOT

Ex-presidente, diretora emérita e parte da diretoria da Sociedade Americana de Médicos Intervencionistas em Dor

Introdução

Disse o poeta: "A dor é inevitável. O sofrimento é opcional". Sábias palavras que bem se aplicam a quem conhece de perto a indesejada companhia da dor crônica. Crianças, idosos, homens, mulheres, da menina estudante ao senhor político - como mostraremos neste livro -, não há quem esteja a salvo desse mal. Um mal não apenas incômodo, mas, muitas vezes, invisível.

Invisível porque quem o tem, não o vê. Diferentemente de outras doenças, que deixam marcas explícitas pelo corpo, a dor muitas vezes acontece de maneira silenciosa. Não há feridas externas, nenhuma vermelhidão, nada. Adaptando um pouco o dito popular, os olhos não veem, mas o coração sente.

Invisível porque quem não a sente, muitas vezes não a entende. A ausência de marcas pode tornar a dor incompreensível àqueles que estão por perto. É comum que amigos, familiares e colegas muitas vezes julguem um exagero quando escutam que dor é a razão para o desânimo, para o cansaço e até mesmo para o mau humor. "Vai se deixar abater por uma dorzinha?", é o que se costuma dizer.

Invisível porque pouco falamos sobre o que é a dor crônica e como ela pode ser tratada. Isso acontece mesmo entre os profissionais de saúde, o que torna ainda mais difícil aos pacientes encontrar seu caminho para o tratamento. Vivemos em uma sociedade que muitas vezes exalta a dor como sinal de superação, ignorando que, muitas vezes, o incômodo pode ser bem mais que uma reação natural do nosso organismo.

Não podemos viver sem dor, isso é verdade. Se não a sentíssemos, destruiríamos nosso corpo sem perceber. A dor é um alerta importante de que algo está errado. Se encostamos em uma superfície quente, sentimos dor. Ela nos avisa que a temperatura está muito alta para nossos tecidos. Se quebramos um braço ou uma perna, sentimos dor. É um sinal para que paremos, sob o risco de agravar a lesão. Uma apendicite dói, muito. Dando um recado direto de que é preciso tomar uma atitude antes que uma infecção generalizada nos leve a vida.

Não há dúvidas de que a dor é necessária, assim como também é certo que ela deve acontecer dentro de alguns limites – de intensidade e de tempo. Quando se perde o controle sobre esse delicado sistema que regula as sensações dolorosas, a dor se torna crônica, persistente, e é preciso intervir. Assim como é preciso intervir quando uma enfermidade que pode levar à dor, como um câncer, se instala no nosso corpo.

Por isso escrevemos este livro: para que a dor deixe de ser um problema invisível. Em cada capítulo, contamos a história de um paciente, que nos ajuda a dar cara e dimensão às diversas formas de dor crônica. Foram dez convidados, cada um com um percurso diferente, mas com algo em comum: a persistência e a superação na luta contra a dor. São eles que nos falam sobre o impacto da dor em sua rotina, a muitas vezes angustiante busca por um diagnóstico e a satisfação de descobrir que há tratamento.

São histórias diferentes, mas que muitas vezes se cruzam. A incompreensão é ingrediente presente em todas elas. Quando não vem dos parentes e amigos, vem do próprio médico, ou da equipe de saúde, que muitas vezes desacreditam o paciente, tentando convencê-lo de que "é coisa da sua cabeça" ou de que ele "está exagerando".

O calvário para se encontrar o alívio é outro elemento comum, que enfatiza a necessidade de um debate mais abrangente sobre o tema entre os próprios profissionais de saúde. É comum entre os pacientes de dor crônica um histórico de visitas a médicos de distintas especialidades e um acúmulo de diagnósticos incorretos e tratamentos ineficazes.

Neste livro, cada uma dessas histórias vem acompanhada de informações sobre o que exatamente se esconde por trás do relato de cada paciente: qual o seu diagnóstico, quais os sintomas, quais exames são usados para descobrir a doença e qual o tratamento utilizado. Nas próximas páginas falaremos sobre dor pélvica, fibromialgia, dor no câncer, cefaleias, dor neuropática, dor pediátrica, dor no idoso, dor miofascial, lombalgias, dor na articulação sacroilíaca e síndrome de dor complexa regional.

Há ainda muitas outras formas de dor crônica não tratadas neste livro. Esperamos, porém, que este seja o primeiro de muitos passos para dar mais visibilidade ao problema. Para que cada vez mais, mais pessoas descubram que, embora em alguns casos de dor crônica não exista cura, ao menos o sofrimento a ela associado pode ser controlado.

Boa leitura!

Cefaleias

1

Dor na escuridão

As cortinas meticulosamente cerradas e as luzes apagadas serviram, por quase 30 meses, de esconderijo para a empresária Vitória, de 40 anos. Ali, no escuro do quarto, ela fugia do brilho do sol e dos ruídos da rua. Na solidão cinza do refúgio improvisado, evitava até as mais prosaicas distrações: nada de livros, tevê ou rádio. Sua única companhia era a dor, que vinha em ondas sobre a região do crânio e não a abandonava um só momento. Passava os dias sentada em uma poltrona contando os minutos para se ver livre daquela sensação insuportável. Não sentia vontade de comer, nem de sair com o marido Hélio, nem de rever as amigas. Se tentava fugir da clausura, ao menor esforço o incômodo se multiplicava e se alastrava pelo corpo não lhe dando outra alternativa senão retornar para o seu cativeiro voluntário.

Sem saber como lidar com a dor persistente, ela improvisava com o que achava que poderia ajudar. Tomava dipirona (princípio ativo de remédios populares como a Neosaldina® e a Novalgina®), pois sempre ouviu falar que era bom para dores de cabeça. O efeito, porém, era praticamente nulo: "Nada que eu tomasse me aliviava a dor. Aos poucos, fui me tornando refém daquela situação e aquilo foi tomando conta de mim", desabafa. Ela, que era conhecida por ser alegre e brincalhona, aos poucos foi se transformando em uma pessoa abatida e sem ânimo. Nem as aulas de dança, seu hobby desde a infância, conseguiam fazê-la sair do quarto. Mesmo sem saber identificar o motivo pelo qual tudo aquilo estava acontecendo, lembrava bem de quando aquele pesadelo havia começado. Era julho de 2008, quando uma crise de cefaleia veio e não passou mais. "Sempre tive enxaqueca quando ficava nervosa ou quando comia algo que fazia mal, mas era sempre momentânea. Nunca me preocupou porque na minha casa meu pai, minha mãe e minha avó também têm o mesmo problema. Só que de repente tive essa crise sem causa aparente e ela ficou", recorda.

Vinte dias de sofrimento se passaram até Vitória procurar um médico. Como o que doía era a cabeça, decidiu ir primeiro a um neurologista, indicação de um amigo da área da saúde. A análise do especialista, porém, não ajudou. Depois de alguns exames, ele concluiu que não havia nenhuma alteração em seu sistema nervoso que justificasse a intensidade das dores que ela relatava. O diagnóstico inconclusivo do neurologista deixou a porta aberta para a imaginação. Se o problema não estava no sistema nervoso, quem sabe não estaria no pescoço? Com essa ideia em mente, Vitória resolveu tentar um ortopedista, que também não encontrou nada. Se o pescoço estava bom, as dores não poderiam ser apenas reflexo de uma sinusite mal tratada? E, com essa hipótese, a empresária correu atrás de otorrinolaringologista. No entanto, para sua infelicidade, mais uma vez o especialista não foi capaz de perceber algo que pudesse explicar as dores de cabeça. Quase entrando em desespero, sem saber mais onde buscar a raiz do problema, ela lembrou que tomava hormônios desde uma cirurgia, em 1998, para a retirada dos ovários após um câncer. "Não que eu tivesse feito alguma alteração na dosagem hormonal. Os hormônios seguiam os mesmos e na mesma quantidade há muitos anos, mas diante da total falta de respostas, fui investigar com meu ginecologista se essa não poderia ser a origem do problema". Ouviu mais uma negativa.

Sem saber exatamente o que tinha, mas exaurida pelas dores, iniciou um tratamento combinando analgésicos e acupuntura. Seu organismo, porém, não respondia aos estímulos e, aos poucos, a dor ia dominando sua vida. Primeiro deixou de dirigir, depois parou de trabalhar, em seguida, trancou-se em casa. Em poucos meses já não fazia mais nada, nem a mais prosaica atividade, como ler um livro ou ver um filme. Passava os dias fechada em seu quarto, com as portas e janelas cerradas, contando as horas para que aquilo terminasse. Quando completou seis meses nessa situação, resolveu buscar outro neurologista. "Nem imaginava, nessa época, que existia um profissional que cuidava só de casos de dor", recorda.

O novo médico iniciou um tratamento pesado, à base de cortisona, um hormônio produzido naturalmente pelo organismo e que possui função anti-inflamatória e imunossupressora, mas que pode produzir uma série de efeitos colaterais - um deles, fazer a pessoa engordar. Dito e feito. Com a bomba de cortisona circulando pelos vasos sanguíneos, Vitória começou a assistir a um aumento descontrolado do seu peso. Ela, que pesava 47 quilos, engordou 20 em poucos meses. O peso a mais resultou em autoestima a menos e veio então a depressão, que somou-se às dores. Vendo sua paciente perder as forças, o médico decidiu por procedimentos ainda mais agressivos. Vitória passava dias internada, recebendo antidepressivos e anticonvulsivantes. Quando deixava o hospital e retornava para a casa, o desânimo continuava o mesmo. "Não conseguia fazer nada. Não conseguia nem deitar para dormir. Passava o dia inteiro em uma poltrona, com o quarto todo fechado", relata. Sem ver sinal de melhora em sua paciente, o médico passou a insinuar para Vitória que ela estava criando toda aquela situação. Não era possível uma paciente não responder aos medicamentos, duvidada o especialista.

Sem diagnóstico, sem tratamento, deprimida e desacreditada, Vitória foi encaminhada ao psiquiatra. Era maio de 2009. "Eu estava em um estágio em que começava a perder as esperanças. Eu, que já havia passado por uma cirurgia complicada e por quimioterapia para tratar um câncer, não sabia mais de onde tirar forças para enfrentar a dor", conta. Sem prognósticos de melhora, vendo amigos e familiares se afastarem e sem conseguir convencer o próprio médico da existência de sua dor, Vitória começou a se sentir refém daquela situação. Tentava se inspirar em sua própria experiência com o câncer, mas percebia que as situações eram incomparáveis. "No câncer você tem um diagnóstico, as pessoas sabem o que é e acreditam no seu problema. Na dor não. Por ela não ser reconhecida como doença, as pessoas não entendem bem o que está acontecendo e acabam te discriminando por achar que tudo aquilo é só uma fraqueza ou má vontade sua de encarar a vida e sair do fundo do poço." Para Vitória, essa falta de compreensão, tanto de leigos quanto de médicos, foi a razão pela qual seu período de dor se prolongou por tantos meses. Foi ao acaso que ela logrou encontrar um tratamento adequado para o que sentia.

Por ironia, foi na psiquiatria que Vitória conseguiu vislumbrar um caminho para escapar da doença. O médico que a atendeu, ao ouvir suas queixas, não duvidou da veracidade do testemunho e resolveu indicá-la para uma equipe especializada em dor crônica, para fazer o tratamento de bloqueio de alguns nervos. Neste procedimento, são injetadas substâncias nas regiões originadoras dos impulsos dolorosos, fazendo cessar a transmissão da sensação de dor da periferia do corpo para o cérebro. Apesar de ser a primeira vez que ouvia falar do tratamento, Vitória não se animou muito. Tinha medo de que, assim como nas outras tentativas, o método só piorasse sua saúde. "Imagine, tudo o que as outras pessoas faziam para melhorar, comigo dava errado. Por exemplo, todo mundo fazia fisioterapia e melhorava, eu fazia e não conseguia nem mexer o braço depois. Era difícil acreditar que agora ia dar certo". Mesmo sem muitas esperanças, a empresária seguiu a sugestão da equipe especializada em dor e decidiu tentar os bloqueios.

Quando acordou do procedimento, em um domingo, foi surpreendida por uma grata novidade: não sentia mais as dores. Era a primeira vez em mais de um ano, que abria os olhos pela manhã e não vinha a pressão da cefaleia esmagando sua cabeça. "Foi um dia ótimo", recorda. A claridade não incomodava, tampouco os ruídos. Sentia-se normal outra vez. A felicidade, no entanto, durou apenas 24 horas. Quando acordou no dia seguinte, mal conseguia abrir as pálpebras. A dor tinha voltado, ainda mais forte. "Tive crise de rebote. Chorava e gemia, tamanha a dor que sentia", recorda Vitória.

Mesmo com a piora, o principal já estava feito: ao menos, já se sabia de onde partia a dor que provocava o sofrimento de Vitória. O incômodo era gerado nos nervos occipitais, localizados na parte posterior da cabeça. Foram esses feixes o alvo do bloqueio diagnóstico. Localizando de onde partia o problema, foi realizada uma nova aplicação, dessa vez visando ao tratamento. Não era ainda o retorno à normalidade, mas com as dores reduzidas pela metade, outros tratamentos até então ineficazes, como a fisioterapia, começavam a surtir efeito, dando a Vitória condições de reunir forças para retomar o controle sobre sua vida. Fácil, não foi. Durante cerca de um ano a empresária tomou, diariamente, um batalhão de remédios. "Eram 15 comprimidos diários", conta. Só no meio de 2010 é que as doses começaram a ser reduzidas até que, em fevereiro de 2011, recebeu a boa notícia: poderia parar com as pílulas diárias.

Isso não significa que ela nunca mais tenha precisado dos remédios. Aonde vai, sempre está acompanhada por uma cartelinha de analgésicos. Agora, porém, raramente ingere um desses comprimidos e, quando o faz, é de um modo bem diferente daquele ao qual se acostumou no passado. "Se eu sinto que vou ter cefaleia, tomo o remédio preventivamente. Não espero mais a dor começar para só depois tomar a medicação, como fazia antes", revela.

Mesmo sabendo que não existe cura para suas cefaleias, o mais importante para Vitória foi descobrir que o que sente tem nome e pode ser controlado. "O tratamento me ensinou que tenho à disposição algumas ferramentas para aliviar esse incômodo. Hoje eu sei que o que eu tenho é uma doença crônica, mas existem profissionais, remédios e tratamentos para me ajudar". A descoberta devolveu à empresária sua alegria costumeira. Tão logo viu-se livre do fardo da dor, decidiu arriscar novamente uns passinhos de dança e voltar à ativa no restaurante que mantém com o marido, deixando no passado as lembranças do sombrio refúgio do quarto escuro. Nas palavras da própria Vitória, um reinício para quem passou tanto tempo afastada de sua própria vida: "Antes eu não era mais mulher, não era mais patroa, não era mais filha. Eu era dor. Agora, estou voltando a ser eu mesma", comemora.

Entenda o caso de Vitória

DOR DE CABEÇA É DOENÇA?

Na história de Vitória, vimos um problema comum, a "dor de cabeça", ganhar contornos sombrios. Quase todo mundo já passou por pelo menos um episódio em que sentiu pontadas ou uma espécie de pressão sobre a região do crânio. Entretanto, na maior parte das vezes, esse incômodo passa sozinho após alguns minutos ou horas, depois de algum repouso ou de tomar alguma medicação leve. Para algumas pessoas, porém, esse sofrimento se estende, podendo durar dias, semanas e até mesmo meses. Quando isso acontece, as dores passam a ter um profundo impacto negativo sobre a vida do paciente, exigindo que se busque um tratamento específico para controlar a cefaleia.

Cefaleia nada mais é que o termo técnico equivalente à popular "dor de cabeça" - expressão comumente usada para definir as dores sentidas na região do crânio - e que engloba dores de intensidades e tipos bem diferentes. Para se ter ideia, a Sociedade Internacional de Cefaleia tem catalogadas mais de 150 modalidades de dor de cabeça e calcula-se que 90% da população mundial tenha ao menos uma experiência negativa com dores de cabeça ao longo da vida. No Brasil, dados da Sociedade Brasileira de Cefaleia mostram que cerca de 70% das mulheres e 50% dos homens apresentam pelo menos um episódio de cefaleia a cada 30 dias. Essa é a principal doença neurológica registrada no globo, mas é importante lembrar que nem toda cefaleia requer atendimento médico. A maior parte irá regredir naturalmente, apenas com repouso.

Para a medicina, as dores de cabeça se dividem em dois grandes grupos: as cefaleias primárias e as secundárias. No primeiro grupo, exemplificado pela cefaleia tensional, pela cefaleia em salvas e pela migrânea (ou enxaqueca) a dor sentida tem origem própria. No segundo grupo, o incômodo é o reflexo de algum problema no sistema nervoso ou em alguma outra parte do corpo. Por exemplo, a dor de cabeça causada pela presença de um tumor, por um problema vascular ou por uma infecção.

Neste capítulo, examinaremos o primeiro grupo, o das cefaleias primárias.

Como já dito, não é toda cefaleia que exige uma consulta ao médico. Porém, é preciso estar atento ao agravamento das dores e a sua frequência. No País, um estudo da Sociedade Brasileira de Cefaleia mostrou uma média local superior à global para os casos de cefaleia crônica, caracterizada por dores de cabeça em metade ou mais dias do mês. De acordo com a pesquisa, a predominância de cefaleia cronica é de 6,9%, o que significa que mais de 13 milhões de brasileiros apresentam dor de cabeça pelo menos 15 dias por mês. Nos dados internacionais, calcula-se em 4% a parcela de pessoas com quadro crônico. As cefaleias tensionais e a enxaqueca representam praticamente a mesma proporção dos quadros crônicos. Independentemente do tipo, são esses pacientes os mais prejudicados por causa da exposição prolongada à dor.

Crianças e adolescentes

Dor de cabeça não é só coisa de adulto. Crianças e adolescentes também podem apresentar queixas constantes relacionadas ao problema. Especial atenção deve ser dada às meninas em idade menstrual, pois nesse período os relatos de enxaqueca se tornam mais frequentes, em muito por causa da influência dos hormônios. Já os casos de cefaleia tensional crônica são raros na infância e na adolescência.

Embora não haja muitas pesquisas científicas sobre a incidência de dores de cabeça no público mirim, o que se observa é que o problema obedece ao mesmo mecanismo visto nos adultos. O tratamento, no entanto, é diferente, com maior ênfase na parte preventiva não farmacológica. Por isso, nos casos em que as queixas são constantes, não se deve ignorar o problema da criança. Dê ouvidos a seu filho e o leve ao médico.

Como diagnosticar as cefaleias

Os diferentes tipos de cefaleia manifestam-se de formas também distintas e exigem tratamentos adequados às suas singularidades (como veremos adiante). Como não há exames ou marcadores que ajudem no processo diagnóstico, a anamnese é ainda o principal trunfo do profissional de saúde para descobrir o que o paciente tem. A descrição das dores (o que o paciente sente durante as crises, a região afetada e a presença de sintomas anteriores) e a sua frequência são fundamentais para auxiliar o médico a identificar qual o tipo de cefaleia em questão. As mais comuns são a cefaleia tensional e a enxaqueca. É por meio do relato do paciente que o especialista terá as pistas para descobrir qual é o problema.

Diagnóstico da cefaleia tensional

No passado, esse tipo de dor de cabeça era chamado de cefaleia de contração muscular ou cefaleia de estresse. É a forma mais comum de dor de cabeça, caracterizada por crises de intensidade leve ou moderada e geralmente descrita como uma pressão ou aperto constante sobre a região do crânio, com a dor em faixa ou em capacete. São causadas pelo tensionamento muscular na região do pescoço, dos ombros ou da cabeça. O incômodo não piora com a atividade física rotineira (como caminhar ou subir escadas) e costuma distribuir-se por todo o crânio, em seus dois hemisférios. Quanto à duração, pode estender-se de horas a dias. Homens e mulheres são igualmente acometidos e observa-se que sua ocorrência reduz-se com a idade.

Para identificar o momento em que a cefaleia tensional se torna um problema na vida do paciente, a Classificação Internacional das Cefaleias propõe a seguinte divisão: episódica infrequente (para ocorrências inferiores a 12 dias ao ano); episódica frequente (para ocorrências entre 12 e 180 dias ao ano) e crônica (quando o paciente sofre com o problema mais de 180 dias ao ano). Recomenda-se buscar um médico nos casos de cefaleia tensional frequente ou crônica. Um sintoma comum nesses casos, e que pode ser observado pelo médico ao apalpar a musculatura pericraniana do paciente, é o aumento da sensibilidade dolorosa nessa região.

Diagnóstico da migrânea ou enxaqueca

A enxaqueca é uma doença neurovascular caracterizada por repetidas crises de dor de cabeça, que atinge 15,2% da população brasileira. Sua frequência é bastante variável: enquanto alguns pacientes apresentam poucas crises durante toda a vida, outros relatam diversos episódios a cada mês. Diferentemente da cefaleia tensional, na enxaqueca a dor é geralmente sentida apenas sobre um dos lados da cabeça. Uma crise típica é reconhecida pela dor pulsátil, com intensidade moderada ou forte, e que se agrava com a realização de atividade física. Além da dor, costuma ocorrer pelo menos um dos seguintes sintomas: náuseas, vômitos ou desconforto com a exposição à luz, a cheiros fortes ou a sons altos. A duração das crises varia entre quatro e 72 horas.

Um conjunto de sintomas neurológicos conhecido como "aura" pode ser observado em cerca de 30% dos pacientes. Ela acontece um pouco antes da cefaleia, e pode durar entre cinco e 60 minutos. Durante esse tempo, a pessoa relata enxergar flashes de luz, falhas no campo visual ou imagens brilhantes em ziguezague. Outros sintomas neurológicos mais raros, mas que também podem acontecer são o formigamento, a sensação de frio ou calor, as dificuldades na fala ou alterações motoras.

A predominância da enxaqueca é maior entre mulheres e, entre o público feminino, o ciclo menstrual pode influenciar no surgimento das crises em cerca de 60% das pacientes. Outros gatilhos que podem desencadear a enxaqueca são alterações no sono, estresse, álcool (ainda que em pequenas quantidades), chocolate, café e outros alimentos com altas doses de cafeína, comidas contendo o realçador de sabor glutamato ou adoçadas com aspartame, baixa ingestão de água e uso de certos tipos de medicamentos.

Outro fator que deve ser levado em conta nos casos de enxaqueca é o componente genético. Na história, Vitória menciona que em sua família havia outros casos de "enxaquecosos" - o pai, a mãe e a avó. O que tem sido observado por meio de estudos entre gêmeos e entre familiares é que a genética tem considerável influência no surgimento da doença, em especial nos casos de enxaqueca com "aura". Outro dado importante é que a enxaqueca pode coexistir com outros problemas de saúde como a depressão, ou outras dores crônicas.

Antes de fechar o diagnóstico para migrânea, é importante a realização de exames de neuroimagem que afastem outras possíveis origens para as dores de cabeça.

A cefaleia em salvas

Mais rara e muitas vezes confundida com a enxaqueca, esse tipo de dor é caracterizada por crises muito fortes, de curta duração (de segundos a horas) e em apenas um dos lados do crânio. Sintomas típicos ocorrem concomitantemente, como olho vermelho, lacrimejamento, congestão nasal e transpiração anormal. Geralmente, vem em séries (salvas) que duram semanas ou meses, separadas por períodos de melhora que vão de meses a anos. Não se sabe ainda a razão, mas sua prevalência é de três a quatro vezes maior em homens - o que a diferencia da enxaqueca, predominante em mulheres. Nas crises mais fortes, o paciente geralmente não consegue permanecer deitado, o que o leva a ficar caminhando de um lado para o outro - um dos sintomas característicos desse tipo de cefaleia. Acredita-se que a origem dessa dor esteja no hipotálamo, estrutura cerebral onde estão localizados alguns mecanismos muito importantes para a regulação do corpo humano, incluindo o controle da temperatura, a regulação hormonal e o sono.

Como tratar as cefaleias

Um problema comum nos pacientes que sofrem com crises de dor de cabeça, em especial os afetados por enxaquecas, é o agravamento do quadro devido ao uso excessivo de medicamentos sem orientação médica. Assim como Vitória, muitos pacientes resolvem cuidar do problema por conta própria, recorrendo principalmente aos analgésicos comuns (como o ibuprofeno e outros anti-inflamatórios, o paracetamol, a dipirona e o ácido acetilsalicílico) ou combinados (aqueles em que cafeína, relaxantes musculares e outras substâncias são adicionadas a analgésicos simples). Como o segredo para se combater as cefaleias está principalmente em evitá-las, esses medicamentos, tomados apenas quando a crise já se instalou, têm pouca eficácia, o que gera um ciclo de sofrimento na vida do paciente: toma-se o remédio para aliviar a dor, obtém-se alguma melhora, mas logo o incômodo retorna. Então se toma mais do mesmo remédio, mas, como da primeira vez, o leve alívio é seguido pela volta do incômodo. A repetição desse ciclo acaba por aumentar as dores de cabeça, que podem progredir de cefaleias episódicas para cefaleias crônicas.

Quando as dores de cabeça se tornam frequentes, elas recebem o nome de cefaleias crônicas diárias. Nesses casos, o incômodo surge ao menos 15 dias por mês, repetindo-se durante pelo menos três meses. São aquelas situações em que a pessoa tem dor de cabeça dia sim, dia não, ou mesmo diariamente. Por isso é importante buscar um profissional capaz de definir as melhores táticas para o tratamento, tendo como base o tipo de cefaleia descrito pelo paciente. Em linhas gerais, o segredo é agir de modo preventivo, ou seja, identificando os fatores desencadeantes e atuando sobre eles, de modo a evitar que a dor se instaure. A prevenção pode ser medicamentosa ou não farmacológica. Além das táticas para a prevenção da dor, é indicado o uso de alguns medicamentos específicos durante as crises, que, embora raras, podem aparecer quando o paciente está em tratamento. Veja em seguida algumas orientações gerais para tratar a enxaqueca e as cefaleias tensionais.

Tratamento da cefaleia tensional

O tratamento preventivo pode ser realizado por meio do uso de antidepressivos tricíclicos (como a amitriptilina ou nortriptilina). Além da opção medicamentosa, ótimos resultados têm sido observados com opções não farmacológicas, como atividades físicas, técnicas de reeducação postural, ultrasom, estimulação elétrica nervosa transcutânea (TENS) e o biofeedback eletromiográfico. Esse método é um tipo de fisioterapia em que um aparelho é usado para mostrar, na tela do computador, os sinais visuais e auditivos originados pelos músculos e captados por eletrodos instalados sobre a pele. O objetivo é fazer que o paciente "aprenda" a modificar sua contração muscular. Como a cefaleia tensional tem origem justamente no funcionamento inadequado dos músculos, o biofeedback pode ser usado com sucesso entre esses pacientes. Caso haja alguma crise de dor, analgésicos simples e anti-inflamatórios não esteroidais são indicados para se reduzir o incômodo.

Tratamento da migrânea ou enxaqueca

No caso das crises leves, ou seja, aquelas que não interferem nas atividades do dia a dia, medidas simples, como o repouso, são eficazes. Já nas crises moderadas ou graves é necessário o uso de medicamentos sob orientação médica. A boa notícia para quem sofre com a doença é que os fármacos da classe dos triptanos são mais eficazes e têm menos efeitos colaterais, sendo indicados para o uso durante as crises de enxaqueca. Esses medicamentos agem sobre os vasos sanguíneos cranianos, reduzindo sua espessura – além disso, podem inibir a liberação de substâncias envolvidas nos mecanismos da dor.

Assim como na cefaleia tensional, o tratamento preventivo também é fundamental nas enxaquecas. Ele pode ser realizado por meio de medicamentos (geralmente anticonvulsivantes, antidepressivos, beta-bloqueadores ou bloqueadores do canal de cálcio) e de opções não farmacológicas. Um método que tem mostrado bons resultados são as injeções de toxina botulínica. Além dessas opções, educar o paciente ainda é o caminho fundamental para evitar enxaquecas. É preciso descobrir os fatores desencadeantes das crises, assim como impor regularidade às atividades rotineiras, com especial atenção à regularidade do sono e alimentação. Os exercícios aeróbicos realizados com periodicidade também têm um impacto positivo na prevenção à enxaqueca, assim como o biofeedback, a acupuntura, as técnicas de relaxamento e a terapia cognitivo-comportamental.

É preciso cuidado com os remédios

Muita gente sofre com dores de cabeça regulares e decide tomar analgésicos por conta própria, aumentando a dose para passar o incômodo e, quando não sente mais nenhum efeito do medicamento, trocando-o por outros. A escolha do novo fármaco geralmente é guiada por dicas de amigos e parentes ou pela indicação do balconista da farmácia.

Quando essas pessoas chegam ao especialista, a dor já é diária e é grande a lista de analgésicos sem efeito. Buscar um tratamento por conta própria é uma decisão comum e motivada por várias razões. Muitas vezes o paciente tem dificuldade em encontrar um especialista para orientá-lo, ou acredita que o que sente é apenas uma dorzinha menos importante ou mesmo desconhece que exista tratamento para enxaqueca. Além disso, há a crença no poder da automedicação, que ignora que o uso excessivo de analgésicos é hoje a principal causa de enxaquecas crônicas.

Os analgésicos são medicações necessárias e excelentes para o tratamento das crises de dor aguda. O problema é a forma indiscriminada como são usados, sem a orientação médica e sem diagnóstico adequado. Com o uso contínuo, o organismo vai se acostumando ao medicamento e perdendo, aos poucos, seus próprios mecanismos para a regulação da dor. Como resultado, quando não se toma o remédio, a dor vem mais forte e mais analgésico precisa ser usado, criando-se um ciclo vicioso e perigoso. Por isso, muitos pacientes têm de ser "desintoxicados" ao chegar ao consultório, ou seja, é necessário suspender todos os medicamentos para que o tratamento que vai prevenir a dor crônica funcione.

Dor de cabeça crônica se trata com medicações preventivas, não com paliativos!

DICAS

- Nas cefaleias, em especial nas enxaquecas, vale a máxima: melhor prevenir do que remediar. Muito pode ser feito para que a dor não se instale;
- O uso de analgésicos simples sem prescrição médica além de não ser eficaz contra o problema pode acabar piorando o quadro clínico do paciente, gerando dor de cabeça por abuso de medicação;
- Se você sofre com o problema, crie um diário da dor, relatando nele os dias e horários das crises, além de apontar detalhes relacionados à alimentação, bebidas, estresse e movimentos que servem de gatilho para a cefaleia;
- A técnica de biofeedback tem mostrado boa eficácia para o tratamento tanto da cefaleia tensional quanto da enxaqueca.

Dor miofascial

2

Dor que engana

Filha do escritor modernista Oswald de Andrade, Marília, 66 anos, herdou do pai a facilidade com as palavras, que usa para ir pontuando com agilidade seus 66 anos de vida. Menina nascida em São Paulo, viu morrer o pai ainda criança, aos oito anos. Tempo insuficiente para descobrir a importância do progenitor para as letras, mas mais que o necessário para sentir profundamente a ausência da figura paterna. O período que sucedeu a morte de Oswald foram tempos difíceis para a família. À dor da perda somaram-se sérios problemas financeiros, causados por dívidas e pelo escasseamento dos recursos. Mesmo com o baque, a pequena Marília cresceu uma menina saudável, que sonhava em ser bailarina e estudar Filosofia na Sorbonne, como os existencialistas Jean-Paul Sartre e Simone de Beauvoir. Os anos foram passando e os planos de Marília mudando: não chegou a estudar em Paris, nem pôde se dedicar só ao balé. Prosseguia as aulas de dança, mas sentia a pressão por uma profissão mais formal. Era a década de 1960 e os tabus contra a carreira de dançarina ainda eram fortes. Decidiu então dar uma guinada nos projetos e estudar psicologia. O balé, a carreira, a pós-graduação, a agenda social do marido (que ela sempre tinha de encaixar na sua), as filhas... Mal tinha chegado aos 30 e já era mãe de três meninas e doutora em Psicologia Social pela Universidade de Columbia, nos Estados Unidos. As vinte e quatro horas do dia pareciam pouco para dar conta de tudo.

Quando voltou dos Estados Unidos para o Brasil, logo após a pós-graduação, Marília passou por uma dessas reviravoltas que a vida dá. E a psicóloga Marília voltou a ser a bailarina Marília. Então professora da Universidade Estadual de Campinas (Unicamp), ela foi chamada para criar o departamento de artes corporais e o curso de dança. Era 1984. Marília parecia viver sua melhor fase. Foi quando, em meio ao sonho, veio o pesadelo. Mal assumiu o posto de chefe do departamento, apareceram dores de cabeça fortíssimas. Ela, que nunca tinha tido esse tipo de problema, estranhou. "Houve de início muito descontentamento e tensões internas entre alunos e professores, que não compreendiam bem os objetivos do departamento, pois a proposta e o currículo eram extremamente inovadores para a época. Foi em uma dessas reuniões com a equipe que eu senti o mal-estar pela primeira vez. À saída, ainda comentei com um aluno e ele disse que também tinha dores de cabeça e costumava tomar Neosaldina® para passar", recorda. O rapaz lembrou que tinha um comprimido no bolso e o ofereceu a Marília. Novata naquele assunto, ela resolveu aceitar a recomendação de alguém mais "entendido" e tomou o remédio. Em alguns minutos, a dor realmente tinha passado. No dia seguinte, porém, o incômodo voltou. "Comecei a ter dores de cabeça de três a quatro vezes por semana. No começo, a Neosaldina® surtia efeito, mas nesse ínterim as dores foram piorando e àquela época eu não sabia da necessidade de procurar um médico por causa disso", conta.

Só entrou em um consultório para buscar ajuda de um especialista anos depois, em 1991, quando sentiu uma dor muito intensa durante uma aula de ioga. À época, Marília estava em Londres, estudando. Muito incomodada com o aumento da dor, ela decidiu ir a um posto de saúde. O médico que a recebeu ouviu com atenção as suas queixas. Quando ela terminou, olhou-a compreensivo, mas com um diagnóstico nada animador: "Eu entendo perfeitamente o que você está falando", disse o médico. "Eu também sinto essas dores... E não tem solução. A única coisa a fazer é tomar analgésicos mais potentes." E recomendou uma lista de "analgésicos mais potentes", que ela comprou de pronto e passou a tomar. Com eles, sentia menos o incômodo, mas seguia sofrendo periodicamente com o mal-estar. "Dor de cabeça, àquela época, não era considerada doença. Ouvi muito dizerem que era frescura minha, desculpa para não fazer as coisas e que estava querendo chamar a atenção", conta. A repressão acabou calando-a.

Até que um dia, em 1993, quando estava na Califórnia, uma nova crise, agora mais duradoura, fez Marília se preocupar novamente. "Quando cheguei, já estava com dor de cabeça. Deitei para ver se melhorava, mas não passava. Eu rolava de tanta dor", lembra. Desesperada, Marília descobriu que existia um "Headache Center" (centro especializado no tratamento de dor de cabeça) perto do local onde estava hospedada e agendou uma consulta. No dia e hora marcados, repetiu toda a sua história, contou como tudo tinha começado, do agravamento com o tempo, dos remédios e saiu de lá com um diagnóstico: sofria de enxaqueca. Deveria ir a um neurologista.

Marília decidiu esperar o regresso ao Brasil para procurar um médico e dar continuidade às recomendações do especialista americano. Acabou por não ir a apenas um, mas a 25 médicos nos 15 anos seguintes. Da lista de Marília constam neurologistas, especialistas em medicina chinesa, acupunturistas, ortopedistas e psiquiatras, dos quais ouviu recomendações as mais variadas. Primeiro vieram as restrições alimentares, bem conhecidas dos enxaquecosos: cortou vinho, café e chocolate da alimentação, mas o único efeito que sentiu foi o aborrecimento por não poder comer o que lhe dava prazer.

O ápice da situação veio em 1998, quando o neurologista que a acompanhava pediu uma ressonância magnética e descobriu um tumor em seu cérebro, na região das meninges (tecido que reveste a superfície exterior cerebral). "Ele disse que, pelas características, era um meningioma e era benigno. Mas você pode imaginar o que é receber a notícia de que existe um tumor em seu cérebro?". Dos 25 médicos enumerados por Marília, sete foram consultados no período posterior ao diagnóstico. "Queria ter certeza do que tinha e de qual seria o melhor procedimento a ser tomado", conta. O vai e vem a consultórios acabou fazendo-a trocar de neurologista. Com o novo médico, decidiram por, primeiro, fazer o acompanhamento do tumor por exames de imagens e, apenas em caso de crescimento, fazer a cirurgia de retirada.

O acompanhamento foi feito sem detectar nenhuma alteração no tamanho do tumor até 2001. "Naquele ano, minhas dores de cabeça foram piorando e eu chegava a desmaiar por causa delas", relembra. Foi quando resolveu procurar novamente o médico e pedir para checar os exames. No início o especialista relutou, dizendo que estava tudo bem e que o tumor não havia aumentado. Com a insistência de Marília, porém, ele reviu cuidadosamente todas as imagens e constatou que, embora os relatórios indicassem que não havia diferenças significativas no tamanho, realmente a área ocupada pelas células tumorais havia crescido e estava pressionando uma área do cérebro extremamente enervada - a tenda do cerebelo.

Não havia mais opção. A solução seria encarar a mesa de cirurgia. Por alguns meses, Marília se preparou para a operação, que envolvia vários riscos - entre eles o de comprometimento de alguma estrutura cerebral que poderia lhe deixar sem os movimentos ou a fala. O delicado procedimento, no qual um pequeno pedaço de seu crânio foi retirado para dar passagem aos instrumentos cirúrgicos, levou nove horas para ser finalizado. O maior alívio sentido por Marília foi, ao acordar, perceber que conseguia falar e mover os dedos das mãos e dos pés. O tumor havia sido retirado, nada havia sido comprometido, a operação podia ser considerada um sucesso. Não fosse pelo fato de que, dois meses depois, as dores de cabeça voltaram, dessa vez piores. "Comecei a ter dores atrozes na nuca, próximo ao local onde havia sido feita a cirurgia. Parecia uma cãibra constante que, em pouco tempo, foi se espalhando para as costas e descendo para a parte baixa da coluna."

Marília enveredou novamente na busca por médicos que pudessem ajudá-la com o novo problema. Um neurologista renomado chegou a recomendar passar os dias deitada. "Ele me perguntou: 'em que posição você se sente bem?'. E eu respondi: 'Deitada'. Ao que ele completou: 'Então fique nessa posição'", conta. Conheceu os tratamentos para dor à base de antidepressivos, mas nenhum deles foi capaz de dar alívio. O resultado, como em tantos outros casos, foi o aumento de peso. Foram muitos quilos e nada de alívio para as dores. "Por causa do peso, me deprimi ainda mais. Já fazia 20 anos que eu vivia com dor e nada era capaz de me dar alívio", relembra.

O jogo virou por um acaso, em 2009. Quando descobriu uma clínica para o tratamento da dor em São Paulo. "Lá descobrimos que minhas dores de cabeça vinham de problemas na mandíbula", recorda-se Marília. Embora sentisse o incômodo na região do crânio, os gatilhos estavam em outra parte do rosto, em uma degeneração das articulações mandibulares por causa de uma artrose. O que ela tinha não era enxaqueca, como acreditou por anos, mas sim dor miofascial. Com o diagnóstico, iniciou um tratamento à base de codeína, um opioide usado no combate às dores. Em pouco tempo, começou a sentir os efeitos e conseguiu controlar as "dores de cabeça". "Nesses mais de 20 anos vivendo com a dor, por muitas vezes tive a sensação de que era tudo culpa minha, que eu estava inventando, que era um problema psicológico e não físico", conta. Enxergar razões físicas e vislumbrar um tratamento foram fatores capazes de devolver as forças à Marília. Tão logo sentiu-se melhor resolveu aceitar um convite para coreografar um grupo de dança, o que não fazia desde 2005. O primeiro espetáculo após o retorno, "Sarará", estreou em Pernambuco, em 2012. A inspiração veio do pai e de seu Manifesto Antropofágico. Mais especificamente, de uma parte do texto, que bem podia ser um recado do próprio Oswald para a filha durante todos os anos em que ela protagonizou uma dura batalha contra a dor. "A alegria é a prova dos nove", foi a frase inspiradora para Marília, que ela usou não só na peça, mas como guia para seguir buscando o bem-estar para sua vida.

Entenda a dor de Marília

O que é a dor miofascial?

O título deste capítulo não é algo aleatório. Do mesmo modo que Marília, muitos pacientes de dor miofascial são enganados pela enfermidade. Sem suspeitar que a origem do que sentem está nos músculos, acabam peregrinando de médico em médico em busca de um diagnóstico, sem conseguir encontrá-lo. Isso acontece mais por falta de informação do que pela raridade da enfermidade, uma vez que a dor miofascial é bem comum. Assim como as cefaleias, é normal que todo adulto seja acometido pelo problema ao menos uma vez durante a vida.

Tudo começa com um trauma ou um microtrauma no tecido muscular, na maior parte dos casos, causado por estresse ou posturas incorretas adotadas por muito tempo. Em resposta a essa agressão, o músculo afetado se contrai de forma intensa e localizada, formando uma espécie de nó ou caroço, o ponto-gatilho. Esse ponto e seu entorno começam então a ficar muito doloridos, gerando um círculo vicioso: a dor provoca mais contração muscular, que piora o incômodo e assim por diante. Para complicar ainda mais a vida do doente, a sensação dolorosa pode irradiar para áreas distantes do ponto-gatilho, ocasionando a chamada dor referida. Foi o que aconteceu com Marília: embora seu ponto-gatilho fosse na musculatura da mandíbula, a dor irradiava para a cabeça, para os olhos e para a testa, gerando sintomas muito semelhantes aos da enxaqueca e a fazendo crer que era este o seu problema. Essa capacidade de se espalhar para regiões distantes do ponto de origem faz com que muitas vezes o diagnóstico para a dor miofascial seja penoso. Mesmo sendo um problema comum, poucos médicos estão preparados para detectá-la.

O termo miofascial vem da junção de "mio", que significa músculo, e "fáscia" que é a estrutura composta pelo tecido conjuntivo, responsável pela sustentação e modelação da musculatura e do esqueleto. Do mesmo modo que a fibromialgia (tratada no capítulo cinco deste livro), a dor miofascial é considerada uma síndrome (Síndrome Dolorosa Miofascial), uma vez que reúne sintomas e sinais clínicos semelhantes, mas com origens diferentes. Além do trauma, os pontos-gatilho podem aparecer por várias outras razões, como sobrecarga (causada pelo levantamento de objetos pesados), fadiga muscular por sobreuso (nos casos em que a pessoa realiza atividades repetitivas ou tem bruxismo, especialmente o diurno) ou provocados por outras doenças como o reumatismo, a endometriose, o infarto, as úlceras pépticas ou até mesmo alterações emocionais.

A presença de um desses ponto-gatilho pode causar dor em praticamente qualquer músculo esquelético (ou seja em todos os músculos que cobrem nosso esqueleto), sendo as regiões mais afetadas o pescoço, a mandíbula, o ombro e a região lombar. Não existe uma duração característica para a dor miofascial. Alguns pacientes relatam o incômodo apenas por alguns minutos ou horas, outros, como Marília, sofrem por dias, meses ou anos. Além disso, a atividade dos pontos-gatilho é variável. Em um dia eles podem estar ativos e no outro não mais. Isso explica porque às vezes uma região aparece no primeiro exame, mas deixa de ser perceptível quando o paciente volta ao consultório para o controle. Por essa mesma razão, algumas dores "migram", ou seja, mudam de lugar, acometendo músculos diferentes em dias diferentes.

Geralmente, a dor miofascial é descrita como uma dor em peso, como um aperto, profunda, moderada ou intensa, às vezes acompanhada pela sensação de queimação ou de latejamento. E daí advém mais um dos enganos comuns: em alguns casos, o latejamento é sentido no dente, o que faz o paciente pensar que tem dor de dente, quando na verdade tem dor miofascial. Nos casos em que há dor referida, ela pode vir acompanhada por alguns outros sintomas, como alterações motoras e sensoriais, vasoconstrição, vasodilatação, sudorese ou mesmo lacrimejamento.

Na historia de Marília, a origem de sua dor estava em uma disfunção da articulação temporomandibular (DTM) do tipo miofascial, alteração bastante comum, que atinge grande parte das pessoas em algum momento de suas vidas, em especial mulheres. A articulação dessa região é bastante sofisticada. Há uma rede complexa e ativa de músculos, ligamentos, ossos e dentes que podem se movimentar em múltiplas direções permitindo-nos falar, mastigar, deglutir e ter expressões faciais. Quem comanda essa movimentação é a articulação temporomandibular, que une o osso temporal à mandíbula, permitindo a esta mover-se para cima, para baixo, para trás e para a frente. Um disco flexível ajuda a manter o movimento suave. Quando alguma agressão ou trauma afeta essa articulação, podem surgir dor e dificuldade para usar a mandíbula, tornando incômodo abrir muito a boca, mastigar ou falar. Ainda podem ocorrer estalidos ao mover a boca, os músculos faciais podem ficar doloridos ou cansados e a mandíbula travada. Outras regiões também podem ser afetadas, com o aparecimento de dor no ouvido, cefaleias, dor no pescoço ou nos ombros.

Como diagnosticar a dor miofascial

Como em outras dores crônicas, não existe um teste considerado padrão-ouro para identificar a síndrome dolorosa miofascial. Para chegar ao diagnóstico, o que se faz é um esforço para reunir o maior número possível de informações sobre a história clínica do paciente, além de realizar um bom exame físico em busca de áreas tensas e de pontos-gatilho. Durante o exame, quando o especialista pressiona o ponto-gatilho, reproduz a dor local ou referida e o paciente é capaz de identificar que é aquela a sensação que o incomoda. Além dessa estratégia, algumas outras ajudam o médico a montar o intricado quebra-cabeça para o diagnóstico da dor miofascial (Ver quadro).

Características que ajudam no diagnóstico

- Dor regional em peso, aperto;
- Presença de ponto-gatilho ativo (área de hipersensibilidade geralmente localizada dentro do músculo esquelético e que se associa à dor local ou referida quando pressionada);
- Ponto-gatilho latente (área inativa com potencial de agir como ponto-gatilho);

- Banda tensa palpável nos músculos esqueléticos (é possível sentir as fibras musculares tensas. A estimulação causa o twitch, termo em inglês para a resposta de contração visível quando o nódulo é estimulado);
- Dor referida (dor em uma região distante do ponto-gatilho, ativada quando o mesmo é pressionado);
- "Sinal do pulo" (reação de retirada à palpação dos nódulos);
- Queixas de parestesias (diminuição da sensibilidade) sem padrão neurológico;
- Fraqueza muscular;
- Dor durante o alongamento ou contração do músculo afetado.

Complexo do ponto de gatilho

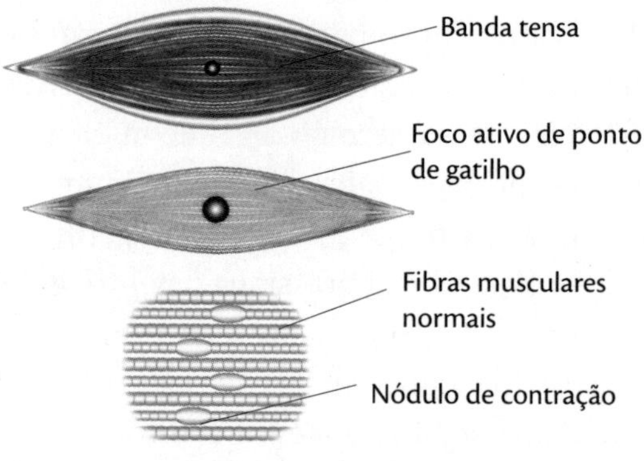

Dores referidas

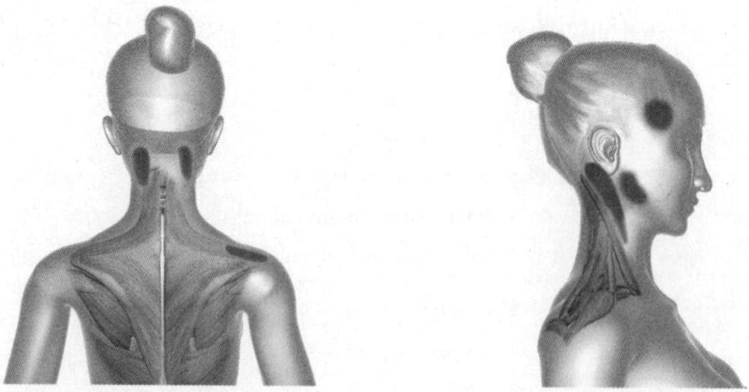

Como tratar a dor miofascial

Uma vez vencida a fase de diagnóstico e identificada a enfermidade, é preciso cuidar do paciente como um todo, não bastando agir apenas localmente sobre o músculo afetado. O tratamento costuma dividir-se em duas grandes frentes: as terapias de alívio, cuja finalidade é reduzir o sofrimento e a dor, e as terapias de manutenção, voltadas para a reabilitação e a reeducação postural do paciente, evitando que a dor volte. Além dos médicos, dentistas, psicólogos, fisioterapeutas e terapeutas ocupacionais podem fazer parte da equipe escalada para atender o paciente, dependendo da complexidade do caso.

Existem várias opções de tratamento seguindo o mesmo princípio: restaurar o comprimento da fibra muscular em repouso, distensionando-a, e eliminar os pontos-gatilho dentro das bandas dos músculos (Ver quadro). Isso pode ser conseguido, por exemplo, com massagens de liberação miofasciais, procedimentos manuais focados no relaxamento das regiões tensionadas, ou com a aplicação de calor por meio de uma compressa ou bolsa morna sobre a região. Há ainda várias outras técnicas fisioterápicas sendo estudadas para se comprovar sua eficácia e segurança. Um bom programa de fisioterapia, acompanhado por exercícios de alongamento, fortalecimento e resistência, pode ser um primeiro passo para muitos dos casos de dor miofascial. Reduzir a carga de trabalho e aumentar o tempo de descanso também são orientações úteis para os pacientes que apresentam o problema.

Como tratar os pontos-gatilho

Agulhamento com anestésico: É uma técnica segura, rápida e eficaz. Consiste na aplicação de anestésico sobre o ponto-gatilho por meio de uma pequena agulha, desativando-o e aliviando a dor. Geralmente, o paciente sente alívio imediatamente. O procedimento leva poucos minutos e pode ser feito no consultório.

Agulhamento a seco: Indicado para os pacientes com alergia a algum medicamento. Serve para desativar o ponto-gatilho sem a necessidade de se usar fármacos. Tem a mesma eficácia do agulhamento com anestésico se realizado por mãos experientes.

Acupuntura: O profissional introduz agulhas bem finas em pontos específicos do corpo, próximos ou distantes do local da dor. Para a Medicina Tradicional Chinesa, isso ajuda a aliviar a dor porque promove um reequilíbrio da energia vital que circula em nosso corpo. Há vários estudos que comprovam a eficácia da acupuntura no tratamento de dor miofascial.

Nos casos de dores miofasciais de mandíbula, um dentista especializado pode resolver o incômodo receitando medicamentos e/ou indicando o uso de um protetor de resina chamado placa miorrelaxante. Esse acessório encaixa-se sobre os dentes superiores ou inferiores, reduzindo o desconforto ao cerrar ou ao ranger os dentes. Dessa maneira, consegue relaxar os músculos antes tensos e doloridos. Evitar alimentos duros, grudentos que exigem muita mastigação também pode ajudar, assim como realizar exercícios leves para o alongamento e o fortalecimento da mandíbula.

Ainda entre as opções não farmacológicas, surgiram várias evidências para a eficácia da terapia com laser de baixa potência para o alívio da dor. O método não invasivo é uma alternativa para o tratamento anti-inflamatório, mostrando-se como uma boa solução, uma vez que sua aplicação é indolor e não causa efeitos colaterais.

Ter várias opções não farmacológicas, não significa que todos os casos de dor miofascial possam ser tratados sem o uso de medicação. Para algumas situações, como vimos na história de Marília, os fármacos são essenciais. Os mais usados são os relaxantes musculares e os anestésicos. Analgésicos comuns também são úteis, tanto na fase aguda, quanto na fase crônica da doença, podendo ser combinados com opioides por um curto período de tempo, até que o paciente inicie e se mantenha em um programa de reabilitação. Os remédios também podem ser necessários para o tratamento de condições que surgem paralelamente à dor miofascial, tais como insônia, ansiedade e depressão.

Finalmente, técnicas de relaxamento, como o biofeedback, a meditação com exercícios de respiração profunda, a ioga, o tai chi chuan e quase todos os tipos de dança ajudam no relaxamento muscular e desviam a atenção dos pontos de dor.

O PAPEL DO PSICÓLOGO NO COMBATE À DOR

Em diversos casos de dor crônica, não apenas na dor miofascial, o psicólogo tem um papel fundamental para o sucesso terapêutico. Embora raramente existam dores de natureza psicológica, os aspectos psicossociais são parte da enfermidade e, uma vez presentes, podem complicar o quadro, já que participam do ciclo da dor (Ver figura). Os principais fatores psicológicos envolvidos são a depressão, a ansiedade, o estresse, as crenças disfuncionais sobre a dor (por exemplo, os pensamentos catastróficos), as atitudes negativas, o medo de realizar atividades rotineiras e as estratégias de enfrentamento passivas.

No campo da psicologia, os tratamentos que apresentam melhores resultados são aqueles que levam em consideração as dimensões biopsicossociais da dor. Ao se identificar os fatores

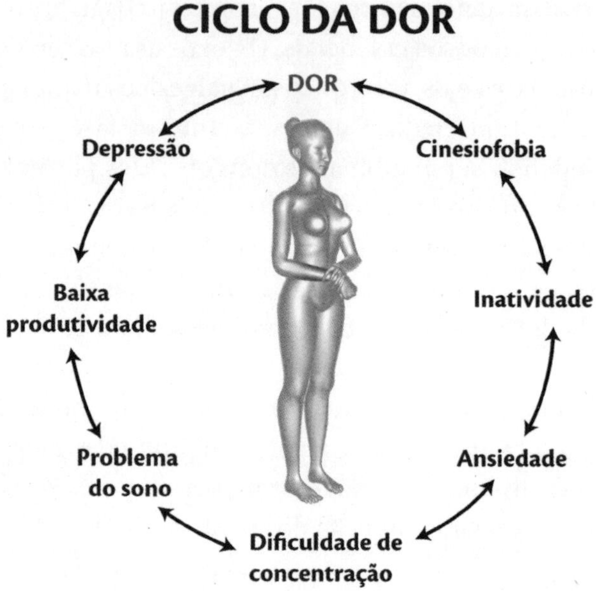

que contribuem para a manutenção do incômodo, da incapacidade física e do sofrimento psicológico, é possível tratar a doença, reduzindo o desgaste emocional, os impedimentos físicos e melhorando a qualidade de vida tanto dos pacientes quanto de seus familiares. Assim, consegue-se romper o ciclo da dor - incapacidade e sofrimento.

Muitas vezes é necessário usar medicações para controlar a depressão e para melhorar o sono. Entretanto, a maneira mais efetiva de lidar com a doença crônica é ensinando o paciente a enfrentar os pensamentos negativos e a doença em geral. Essa mudança no modo de encarar o problema, aliada a técnicas de relaxamento, é ainda eficaz para controlar a ansiedade e o estresse frequentemente associados à dor crônica. O paciente deve ainda participar de forma ativa durante o tratamento, sem ter vergonha de fazer perguntas ao profissional que o atende sempre que surgirem dúvidas.

DICAS

- Se você tem DTM, evite roer unhas, mascar chicletes, apertar ou encostar os dentes. Enquanto estiver acordado, corrija sua postura e evite ler na cama com o pescoço fletido;
- As dores miofasciais podem acometer qualquer parte do corpo e podem causar dores tão fortes como em qualquer outro tipo de síndrome dolorosa;
- Alongue-se, mexa-se, pois o repouso pode piorar a dor;
- Não pense que a dor é coisa da sua cabeça e não tenha medo de tratar a ansiedade, a depressão e o estresse relacionados à doença.

Endometriose
e dor pélvica

3

Dor da incerteza

Às vésperas do casamento com seu noivo Henrique, Laura, então uma jovem de 24 anos, ouviu de um médico ginecologista a notícia inesperada: ela tinha uma doença que a impediria de ser mãe. Ao receber o diagnóstico, Laura tremeu. Ter filhos era um de seus sonhos e fazia parte dos planos do casal. Ela e o futuro marido não viam a hora de embalar nos braços o primeiro bebê. Toda essa expectativa, porém, se desfez diante daquele prognóstico aterrador. Ela não poderia ser mãe. Nada de "barrigão", nada de trocar fraldas, nada de primeiros passos nem primeiras palavras do bebê. Antes mesmo de tentar, ela se via obrigada a abandonar o projeto de maternidade. Quando saiu do consultório médico, ainda um pouco atordoada, Laura resolveu buscar consolo nos braços do noivo. Precisava contar que eles não poderiam ter filhos. Mais especificamente, que ela não poderia ter filhos. Durante o caminho, ia tentando escolher a melhor forma de preparar o noivo para receber a notícia. Haveria uma melhor forma?

Quando finalmente encontrou Henrique e contou o que ouviu do médico, ela se surpreendeu com a reação do futuro marido. Ele permaneceu com o semblante tranquilo e garantiu que tudo não passara de um erro de diagnóstico. Eles iriam a outro especialista descobririam que era apenas um equívoco. Não desistiriam do projeto, não dessa maneira, sem nem ao menos tentar. Afinal, aquela não era a primeira vez em que Laura era posta frente a prognósticos médicos desanimadores. Essa era sua rotina desde os 11 anos, quando menstruou pela primeira vez. Junto do sangue, vieram dores insuportáveis, que passaram a se repetir todos os meses, sempre que a menstruação chegava. Não eram as cólicas usuais, essas que quase toda mulher tem. Laura sentia pontadas fortes na região da barriga, que vinham acompanhadas por mudanças nas funções gastrointestinais. "Era como se estivessem cortando meu músculo sem anestesia", compara. Quando passava por uma dessas crises, mal conseguia andar, trabalhar ou estudar. Foram vários anos assim, passando de médico em médico, fazendo os exames mais diversos e sem saber o que tinha, até que, aos 17 anos, recebeu o diagnóstico de endometriose e passou pela primeira cirurgia.

A endometriose é uma enfermidade na qual um tecido normal que compõe o aparelho reprodutor feminino, o endométrio, cresce onde não deveria. Quando o corpo está funcionando normalmente, essa membrana, que recobre a cavidade uterina, é renovada durante a menstruação, causando o sangramento. É um tecido rico em vasos sanguíneos e repleto de glândulas especializadas, cuja função é acolher o embrião quando a mulher engravida. Na endometriose, porém, essa membrana está presente não apenas no interior do útero, mas também no exterior desse órgão ou por outras partes do corpo. O resultado é que quando acontece a renovação mensal desse tecido, as células no lugar errado também "menstruam", gerando fortes dores na região. Isso ocorre porque o endométrio externo ao útero cresce ao redor dos nervos responsáveis por transmitir os impulsos dolorosos, como consequência, as pacientes começam a sofrer dores intestinais, relatam incômodo ao urinar e cólicas menstruais muito intensas.

Nos casos mais graves, chega-se mesmo à dor pélvica crônica fora do período menstrual.

Era essa a situação de Laura. Todos os meses, ela vivia o mesmo drama: três a quatro dias antes de menstruar, seu intestino travava e assim ficava até as primeiras placas de sangue se desprenderem do útero. Quando isso acontecia, vinha a disenteria. A desordem intestinal a fez buscar primeiro um gastroenterologista. Ao todo foram cinco gastros pelos quais passou dos 13 aos 17 anos. Deles, ouviu as suspeitas de que poderia ter doença ilíaca, síndrome de Crohn e síndrome do intestino irritável - todas enfermidades ligadas a distúrbios no aparelho digestivo. Nas tentativas de tratamento, se acostumou a tomar Buscopan® na veia, receitado pelos médicos toda vez que seu estado de saúde piorava. Sentia alívio logo após as injeções, mas em pouco tempo voltavam as dores, fortes como punhaladas sobre a região pélvica e abdominal.

Foi por um acaso que descobriu que seu problema não era na região intestinal, mas sim no aparelho reprodutor. O diagnóstico de endometriose veio durante uma consulta de rotina com o ginecologista, aos 17 anos. O médico percebeu, durante o exame, uma mancha escura no útero. Fez duas pequenas cirurgias para tentar reverter o problema. A primeira, logo após a descoberta da anomalia, aos 17 anos, e a outra aos 19 anos. Em ambas as vezes, não houve sucesso. Por isso, o próprio ginecologista de Laura aconselhou-a a buscar outro profissional, especializado em endometriose. Foi exatamente neste ponto que a história deste capítulo começou: quando Laura foi a um especialista em endometriose e ouviu dele o diagnóstico de que não poderia ter filhos.

"Ele abriu e fechou meu abdômen e não quis nem mexer em nada. Disse que eu teria de induzir a menopausa precoce, que não ia ter filhos e que teria de conviver com essa dor." As coisas poderiam ter ficado assim, sem solução, não fosse o futuro marido de Laura discordar do especialista e insistir com a noiva para que buscassem uma segunda opinião. Menos de uma semana depois, em meio aos preparativos para o casamento, lá ia o casal ao consultório de um outro médico, agora em São Paulo – indicação da mulher de um colega de trabalho de Henrique. O diagnóstico recebido, dessa vez, era bem mais esperançoso: "O novo ginecologista assistiu ao vídeo da cirurgia que eu tinha feito com o outro médico e disse para eu operar", lembra Laura. O procedimento durou sete horas, tempo necessário para retirar a série de lesões causadas pelos anos de endometriose. Com a cirurgia, Laura recuperou a capacidade de ter filhos, mas não viu a dor ir embora.

Contrariando o prognóstico do primeiro especialista, Laura engravidou e foi mãe por duas vezes, a primeira em 2005 e a segunda em 2007. Das gestações, vieram os filhos Pedro, hoje com 8 anos, e Alice, de 6 anos. Durante todo o período, entretanto, não conseguia se ver livre da dor, que a fez viver um momento bem inusitado durante a gestação. Quando estava grávida de Pedro, não soube reconhecer as contrações do parto quando elas chegaram e por pouco não deu à luz em casa. "Eu ainda estava na minha trigésima semana da gestação, senti algumas dores, mas achei que era alguma cólica. Quando cheguei ao hospital me disseram que eu estava ganhando meu bebê", relembra. "Perto das dores da endometriose, aquilo não era nada. Como ainda estava muito cedo, nem suspeitei que meu filho pudesse estar nascendo".

A primeira gravidez foi um período de muita alegria, mas também de muita tensão. Laura teve sangramentos fortes nos primeiros meses, sofreu descolamento da placenta e precisou fazer circlagem, uma pequena intervenção cirúrgica no colo do útero para evitar o nascimento do bebê antes do previsto. O risco, quando não se faz o procedimento, é grande e pode levar à morte do bebê. Na segunda gestação, os problemas foram menos numerosos, mas Alice também veio ao mundo mais cedo, na trigésima quarta semana. E, assim como o irmão, cresceu sem saber o que era brincar no colo da mãe, pois ela não podia erguê-los por causa da dor. "Mesmo assim eu brincava muito com eles. Em vez de colocá-los no meu colo, eu os sentava na cama e ficava ao lado", recorda Laura.

Para ela, mesmo com as limitações, poder ser mãe foi uma vitória. Com o sonho de maternidade cumprido, Laura tomou a corajosa decisão de tentar métodos mais radicais para se livrar das dores causadas pela endometriose. Aconselhada pelo seu médico, marcou a cirurgia para a retirada do útero para dezembro de 2010. Na operação, foi extraída toda a área uterina, mais as trompas e os ovários - todas as possíveis regiões de origem das dores que sentia. O resultado, porém, não foi o esperado. Mesmo sem todos esses órgãos, as dores a eles associadas prosseguiam, e com um agravante: se antes os incômodos obedeciam ao ciclo menstrual, sem a menstruação, se espalhavam por todo o mês. Por isso, logo depois da intervenção cirúrgica, Laura começou um tratamento para combater a "memória da dor".

Foi um momento em que Laura se viu obrigada a romper com antigos preconceitos. O primeiro deles, relacionado aos medicamentos que deveria tomar. A orientação era para aderir a fármacos de uso contínuo e mais potentes, que fossem capazes de fazer o controle efetivo da dor. "Sempre tive muita resistência a esses remédios, porque achava que eles viciavam", conta. Para seguir as prescrições médicas, Laura precisou lutar contra esse medo e confiar nos profissionais responsáveis pelo seu atendimento. Começou a se tratar com doses diárias de pregabalina, que usou durante um ano para interromper o ciclo da dor. Em conjunto com esse "tratamento de choque", Laura aprendeu a tomar remédios mais adequados nos momentos de crise.

A orientação que lhe foi dada era a de usar um analgésico de potência moderada, um combinado de duas substâncias, o tramadol e o paracetamol. Era o fim do improviso para mascarar as dores. "Antes eu usava muita Aspirina® e Buscopan® e não tinham efeito algum", lembra. Não foram apenas os fármacos que mudaram, o próprio modo de agir de Laura diante da dor teve de ser alterado. Como ela mesma explica, a lógica agora é outra: "Não é que eu não sinta mais dor, mas evito esperar que se instale. Isso ajuda a manter o meu cérebro distante dessa memória de sofrimento." Quando ela percebe que a crise se aproxima, toma uma dose de tramadol para evitar que a situação se agrave. Agir preventivamente é importante porque, quando a dor já é intensa, o fármaco perde grande parte do seu efeito – ele deixa de ser capaz de controlar esses estímulos dolorosos muito fortes. Além disso, à medida que os neurônios recebem essas mensagens de dor, eles vão se tornando mais sensíveis a elas. Como se aprendessem qual é aquele "recado" e já se antecipassem ao sinal da dor.

Além dos remédios, Laura passou por dois bloqueios na região do plexo hipogástrico, responsável por mandar ao cérebro os estímulos dolorosos do útero e do colo do útero. Suspeitava-se que, mesmo com a retirada dos órgãos reprodutivos, esses nervos continuassem enviando sinais para o sistema nervoso, perpetuando as crises de dor. Por isso, primeiro foi feito um bloqueio anestésico, usado para diagnosticar se o nervo hipogástrico estaria envolvido. Para a alegria de Laura, quando o anestésico atingiu as células do nervo, a dor cessou imediatamente. Comprovada a origem do problema, foi feito um segundo bloqueio para a destruição desse nervo, procedimento que foi possível porque se pode viver sem essas inervações do sistema nervoso simpático – apelidado por Laura de sistema nervoso "antipático".

Vários medicamentos e dois bloqueios depois, a empresária percebeu que sim, era possível viver sem dor. Só então ela pôde constatar que não tinha nada de natural em todo aquele sofrimento que a afligia desde os 11 anos. Como já tentara de tudo para neutralizar as crises, mas nada até então tinha dado certo, havia aceitado que sua sina fosse sofrer com a dor. Durante os anos em que conviveu com o problema, chegou a tentar ioga, acupuntura, ginástica, RPG, corrida, fisioterapia, homeopatia e até compressas com ervas sobre o abdômen. Nada era suficiente. "Quando eu reclamava, as pessoas diziam que era natural, que todo mundo sente cólicas no período menstrual", diz, que por fim decidiu evitar tocar no assunto com pessoas próximas. Incompreensão, inclusive, foi um dos efeitos colaterais que Laura conheceu por causa da endometriose. "Na adolescência namorei por sete anos com um cara que nunca conseguiu compreender minha dor", relembra. Ela viu amigos se afastarem e colegas de trabalho duvidarem do que sentia. Para quem está de fora, considera, muitas vezes a dor do outro parece não passar de uma desculpa arranjada para não fazer algo.

Por sorte, ela encontrou um marido que não apenas lhe deu apoio, como a ajudou na busca por tratamento. "Eu nunca aceitei aquele diagnóstico que recebi aos 24 anos de que teria de conviver com a dor pelo resto da vida", conta. "O Henrique também não e ele me ajudou a buscar outros médicos e me deu apoio sempre que precisei." O resultado é que hoje, aos 35 anos, ao contrário do prognóstico dado às vésperas de seu casamento, no ano 2000, Laura é mãe, tem um lindo casal de filhos, segue casada com seu marido, feliz e sem dor.

Entenda o caso de Laura

O que é a endometriose?

Assim como a empresária paulista, somente no Brasil, a Associação Brasileira de Endometriose e Cirurgia Minimamente

Invasiva calcula em sete milhões o número de mulheres que sofrem com a endometriose, doença caracterizada pela presença de um tecido semelhante ao endométrio fora do útero, fixado em outras partes do corpo (Ver imagens). O endométrio é a camada de tecido que recobre internamente a cavidade uterina, formado por glândulas e estroma (tecido de sustentação). É ele que dá origem à menstruação, provocada por sua descamação ao final de cada ciclo menstrual.

Sistema reprodutor feminino

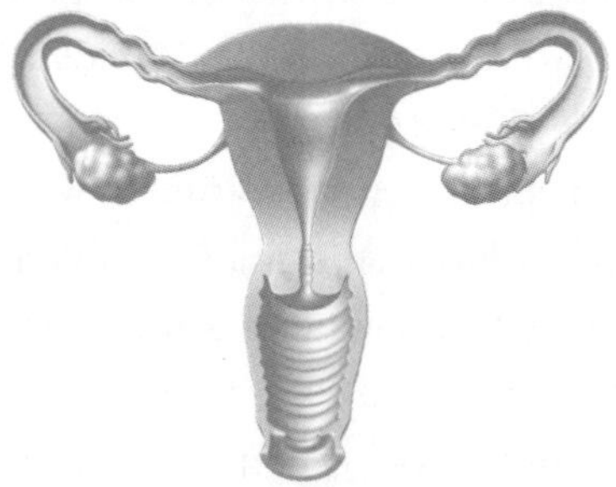

endométrio
normal

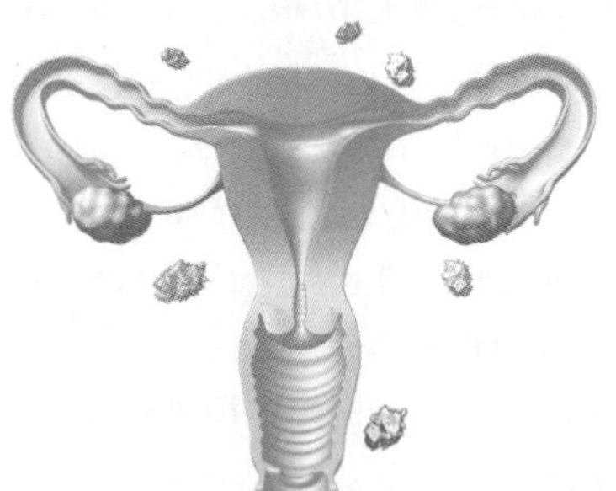

endométrio
fora do útero
(endometriose)

O mais comum nos casos de endometriose é esse tecido se alojar nas cavidades pélvica e abdominal, atingindo os ovários, as trompas, os ligamentos útero-sacros e o peritônio (a membrana que recobre a parede abdominal e as vísceras). Entretanto, ele pode também afetar órgãos não reprodutivos. Nesses casos, o intestino, em especial o intestino grosso (regiões do reto e sigmoide), é o mais afetado pela doença, que também pode causar lesões sobre a bexiga e os ureteres. Em casos mais raros, a endometriose atinge o diafragma, o pulmão ou outras partes do organismo. Uma paciente pode apresentar um ou vários dos órgãos citados afetados pela endometriose. Os efeitos serão o surgimento de dor pélvica e/ou infertilidade em grande parte das pacientes.

Como mostra a história deste capítulo, um grande problema na endometriose é conseguir diagnosticá-la. Casos como o de Laura são comuns, com a mulher sofrendo durante anos sem descobrir a origem de sua dor. Sem diagnóstico, a doença ganha tempo para se alastrar ainda mais, fazendo com que o quadro se agrave. O surgimento da dor acontece porque o tecido endometrial continua sofrendo o estímulo mensal dos hormônios da menstruação, gerando uma reação inflamatória ao redor do endométrio fora de lugar. Esse processo inflamatório, se não tratado, desencadeia a formação de aderências ao redor da área de endometriose e entre as estruturas vizinhas. Geralmente, os focos da doença crescem ao redor de nervos, ocasionando uma maior transmissão da dor para a medula e para o cérebro.

A dor na endometriose

A queixa mais comum entre quem tem endometriose é a dor, podendo ocorrer dores extenuantes durante as cólicas menstruais - conhecida pelos médicos como dismenorreia. Ainda não se tem claro o porquê, mas a intensidade dessa e de outras dores relacionadas com a endometriose nem sempre está relacionada com a severidade do caso. Há mulheres com grandes áreas afetadas pela doença, mas que apresentam sintomas leves. De forma contrária, há casos de regiões afetadas muito pequenas, mas que provocam dores insuportáveis. De modo geral, observa-se que quando o tecido endometrial se alastra profundamente nos órgãos, são maiores as chances de surgirem as dores crônicas, a infertilidade ou as alterações intestinais ou urinárias.

As cólicas na endometriose não costumam melhorar nem mesmo após a medicação, chegando algumas vezes a requerer repouso (são as chamadas cólicas incapacitantes). Como no caso de Laura, muitas jovens que apresentam essas queixas acabam se sentindo desacreditadas pelas pessoas de seu entorno, que não raro as consideram mulheres fracas por não tolerar uma "simples" cólica menstrual. Como vimos, porém, não há nada de simples nesta história. Além das cólicas, pode ocorrer dor durante as relações sexuais, principalmente durante a penetração profunda. Esse sintoma é denominado na área médica como dispareunia. Problemas intestinais também são comuns, ocorrendo habitualmente durante os ciclos menstruais. Alguns dos sintomas relacionados são a diarreia, a dor para evacuar, a obstipação (prisão de ventre) ou o sangramento intestinal. O aparelho urinário também vê-se afetado de forma cíclica e a paciente pode se queixar de dor para urinar durante a menstruação, alteração no hábito urinário ou sangramento.

Com a repetição e a intensificação dos incômodos anteriormente descritos, podem surgir as dores persistentes e fora do período menstrual. São as chamadas dores pélvicas crônicas, que ocorrem devido à sensibilização do sistema nervoso central. Nesses casos, há a criação de uma memória de dor, desencadeada por gatilhos que já não dependem mais da existência dos focos de endometriose. É como se houvesse um curto-circuito dos neurônios, como ocorreu com Laura, que mesmo sem os órgãos reprodutivos seguia com dores.

Como diagnosticar a endometriose

Ter métodos laboratoriais para o diagnóstico da endometriose é um dos maiores anseios dos estudiosos do assunto. Isso tornaria o processo mais rápido e preciso. Hoje, o primeiro passo para saber se uma mulher tem a doença é analisar se ela possui os sintomas clínicos (Ver quadro). Caso a paciente relate cólicas menstruais intensas, dores durante a relação sexual e entre as menstruações, dificuldade para engravidar ou alterações intestinais ou urinárias durante o ciclo menstrual, o médico pode levantar a possibilidade da endometriose.

Os sintomas da endometriose:

- Cólica menstrual (presente em 90 a 95% dos casos);
- Dor profunda na vagina ou na pelve durante relação sexual;
- Dor pélvica contínua não relacionada à menstruação;
- Obstipação intestinal ou diarreia no período menstrual;
- Dor para evacuar;
- Dor para urinar e
- Infertilidade.

Quando isso ocorre, o segundo passo é realizar o exame físico da paciente, com atenção especial a três áreas. A primeira é o abdômen, que deve ser cuidadosamente apalpado em busca de aumento abdominal, massas palpáveis e dores localizadas. Em seguida, vem o exame do colo do útero e de toque vaginal, essenciais para a identificação de possíveis implantes da endometriose nessas regiões do aparelho reprodutor feminino.

O tira-teima é feito por exames de imagens. O ultrassom transvaginal com preparo do intestino e a ressonância magnética são as opções mais recomendadas, embora outros exames, como a ultrassonografia transretal, a colonoscopia, a cistoscopia e a urografia excretora possam ser solicitados em algumas situações. O padrão-ouro, tanto para o diagnóstico quanto para o tratamento, ainda é a cirurgia de videolaparoscopia.

Como tratar a endometriose

Os medicamentos para o tratamento da endometriose não são capazes de promover a cura ou a extinção das lesões. O objetivo principal ao se receitar remédios é levar à melhora dos sintomas clínicos da doença e, eventualmente, retardar a evolução das lesões. As terapêuticas mais prescritas são aquelas à base de hormônios com capacidade de inibir a produção de estrogênio pelos ovários, levando à diminuição do estímulo ao crescimento de tecido endometrial dentro e fora do útero. Os mais usados são os anticoncepcionais, que podem ser orais ou injetáveis, de uso cíclico ou contínuo, com suspensão ou não da menstruação, os medicamentos só com progesterona e os análogos do GnRH (drogas que interrompem virtualmente o funcionamento dos ovários). O tratamento medicamentoso, todavia, não deve, em hipótese alguma, ser feito sem a prescrição e o acompanhamento de um ginecologista.

A cirurgia, preferencialmente por videolaparoscopia, ainda é a principal forma de tratamento da endometriose. O procedimento consiste em pequenas incisões na parede do abdômen, que permitem identificar as lesões e retirá-las. Dessa maneira consegue-se uma melhoria da qualidade de vida da paciente com a diminuição da dor e, na maior parte dos casos, o retorno da fertilidade. Entretanto, em algumas situações a cirurgia não é indicada.

Nenhuma dessas opões, porém, pode ser considerada uma cura para a endometriose. Tanto os fármacos quanto a cirurgia são apenas maneiras de controlar o desenvolvimento da doença, impedindo consequências mais extremas. Após o tratamento, a endometriose pode reaparecer, o que não significa que não haja maneiras de amenizá-la. Algumas das alternativas terapêuticas para manter a doença sob controle são as pílulas combinadas ou os dispositivos intrauterinos (DIUs) com progesterona.

É importante ter em mente que muitos foram os avanços obtidos nas últimas décadas e outros tantos ainda estão por vir. Há vários grupos de pesquisa trabalhando para a elucidação completa dessa doença, buscando determinar exatamente qual papel cumprem fatores como a imunidade e a genética para o surgimento da endometriose e da dor. Há ainda cientistas dedicados a criar métodos cada vez mais eficazes para o diagnóstico e tratamento da doença.

Como tratar a dor pélvica crônica

Assim como a endometriose pode ser controlada, a dor pélvica crônica também pode ser amenizada. No caso de Laura, o que chama a atenção é que mesmo após ter retirado útero e ovários, a dor continuou. Essa situação costuma criar perplexidade no público leigo. Afinal, se os órgãos afetados não estavam mais lá, não seria de se esperar o fim do incômodo? Na verdade, a relação entre órgão e dor não é assim tão simples. A dor pélvica pode se originar de maneiras distintas, que influenciam diretamente nas decisões sobre o tratamento. São três as regiões que podem ser responsáveis pela emissão dos sinais dolorosos:

- As vísceras (que são os órgãos com endometriose);
- Os músculos do assoalho pélvico (que, após meses ou anos de dor, podem estar com nós musculares causados pela contração excessiva da região);
- Os nervos (que podem passar por um processo chamado de sensibilização do sistema nervoso central, gerando a “memória de dor” narrada por Laura).

Sempre que a dor visceral relacionada à endometriose for diagnosticada, o ginecologista deve convocar uma equipe multidisciplinar especializada no tratamento das dores. Isso porque elas podem se tornar um capítulo à parte no sofrimento da paciente. Ao se repetir mensalmente, a dor visceral pode desencadear tanto a memorização do estímulo da dor pelos nervos, quanto a contração dos músculos do assoalho pélvico. Quando isso acontece, mesmo que as lesões sejam retiradas, o sofrimento persistirá, como aconteceu com Laura.

Sempre que esses três componentes se somam (dor visceral, dor muscular e sensibilização do sistema nervoso), o tratamento se torna mais difícil. Afinal, não é mais suficiente tratar o órgão originador da endometriose. Nesses casos, é preciso atacar as três fontes dolorosas ao mesmo tempo. Um outro problema que pode ocorrer é a dor associada às cicatrizes originadas após múltiplas cirurgias (fibrose) para a retiradas de implantes de focos de endometriose.

Sobre o tratamento da dor em si, o primeiro passo para obter sucesso é mudar uma ideia comum entre as pacientes com endometriose: a de que elas têm de viver com o incômodo. Em geral, são mulheres que passaram anos se medicando com anti-inflamatórios e analgésicos simples, que podem até causar a melhora temporária, mas apenas nos casos iniciais. Após longos períodos de uso, esses remédios deixam de ter qualquer efeito positivo e ainda produzem risco de lesões no fígado e nos rins. A opção por esse tratamento ineficaz, muitas vezes, se dá pelo receio de usar algo diferente - como o medo de "vício" citado por Laura. Por isso, toda informação possível deve ser passada à paciente para que ela entenda que deve focar o tratamento não somente no combate à endometriose, mas também no controle da dor - e que isso não será conseguido por meio da automedicação. Afinal, para quebrar o ciclo de memorização da dor são necessários medicamentos mais robustos, que só devem ser usados sob orientação médica. Substâncias antidepressivas ou anticonvulsivantes costumam ser indicadas para diminuir a atividade elétrica dos nervos, enquanto opioides podem ser usados por um curto período para aliviar as crises dolorosas. Em todos esses casos, é o médico da dor, em conjunto com o ginecologista, quem deve avaliar e propor a medicação.

A pregabalina receitada a Laura, por exemplo, é um anticonvulsivante usado para combater (ou reverter) o processo de sensibilização do sistema nervoso. Para que seja efetivo, é fundamental tomá-lo de forma contínua. Só assim ele é capaz de agir para a reversão da memória de dor. Analgésicos adequados também são essenciais nessa fase. No caso de Laura, foi escolhido o tramadol (um opioide fraco), considerado um analgésico de média potência. A ele foi associado um analgésico simples, o paracetamol, receitado para os momentos de crise de dor.

Outra opção para o tratamento, também narrada na história de Laura, é a intervenção direta sobre o plexo hipogástrico superior, um feixe de nervos que faz parte do sistema nervoso simpático e está localizado à frente da vértebra L5 e S1. Quando há dor pélvica crônica, o plexo pode estar em "curto-circuito" mantendo a transmissão desordenada dos impulsos dolorosos. Para se resolver o "defeito" é possível realizar bloqueios anestésicos sobre esses nervos ou, nos casos extremos, destruí-los por meio de um procedimento chamado neurólise.

DICAS

- Independentemente da causa da dor pélvica (endometriose, cistos ou inflamações), ela deve ser tratada o mais precocemente possível;
- A fisioterapia uroginecológica pode auxiliar no relaxamento muscular do assoalho pélvico, que costuma estar muito tenso nas pessoas com esse tipo de dor;
- A automedicação com anti-inflamatórios deve ser evitada;
- Pode até parecer estranho, mas os antidepressivos e anticonvulsivantes, atuam na memória de dores pélvicas crônicas.

Lombalgia

4

Dor que tomba

Na entrada do sobrado de um piso, na zona Oeste de São Paulo, orquídeas, rosas e antúrios recebem os visitantes. Por entre as flores e gramados, ergue-se uma pequena fonte de pedras, onde passarinhos se revezam para beber água. O jardim, meticulosamente cuidado, foi criado e é mantido pelo dono da casa, um simpático senhor de 75 anos, de cabelos e barba brancos, o jornalista Hélio. Em uma metáfora, a paisagem de entrada de sua casa pode ser definida como um espelho para o estado de espírito de seu dono: se agora o jardim está cheio de viço e vida, uns poucos meses antes, o mesmo espaço não estava assim. A grama seca e as poucas flores que ainda teimavam em brotar refletiam bem o ânimo de Hélio à época. Os vizinhos, que viam a casa e conheciam o esmero do jornalista com suas plantas, tinham a impressão de que ele havia se mudado. Hélio, todavia, seguia bem ali. O que havia se alterado (e muito) era seu estado de saúde.

Era setembro de 2010 quando, após um exame clínico e uma intervenção cirúrgica para a retirada de alguns pólipos no reto, Hélio começou a sentir uma dor intensa que não passava. "Do quadril ao dedão do pé, tudo doía", define Hélio. O cuidado com o jardim foi apenas uma das várias rotinas alteradas. Ele, que sempre fora um homem ativo, via-se agora prostrado sobre a poltrona do escritório. É certo que, como ele mesmo bem sabe, nunca teve saúde de ferro. "Nasci com defeito de fábrica", brinca, enumerando as doenças que constam em sua ficha médica: uma escoliose, uma hérnia de disco e um câncer colorretal (que lhe valeu uma operação para a retirada do tumor). Nenhum desses problemas, entretanto, havia causado tantas dores quanto as que surgiram depois da retirada dos pólipos.

Das outras vezes, os incômodos até apareceram, mas sumiram com a aplicação de práticas de medicina complementar. Dessa vez, porém, o recurso parecia ineficiente. Logo que saiu do hospital, Hélio constatou a dor, que se alastrava por toda a extensão do seu nervo ciático - começando nas nádegas e chegando ao pé -, e decidiu consultar um médico chinês seu conhecido, especializado em massagens e acupuntura. Na primeira sessão, ao contrário do que esperava, não experimentou nenhuma melhora. Na segunda, a mesma coisa: entrava e saia do consultório com as mesmas dores. As tentativas se repetiram até o final de dezembro, quando desistiu de insistir na combinação entre massagens e acupuntura e optou por um ortopedista que, após alguns exames de imagem, fez uma nova proposta de tratamento, indicando combinar alguns remédios com fisioterapia. E assim foi. Hélio comprou os medicamentos, contratou o fisioterapeuta, mas continuou sentindo as dores. E com um agravante: elas só pioravam.

A falta de resultados começou a refletir em sua rotina e ele foi, pouco a pouco, entregando-se à total inatividade. Largou a corrida, não andava mais de bicicleta, parou de caminhar pelo bairro, já não cuidava mais do jardim. Das poucas vezes em que desafiou a doença e tentou sair de casa, percebeu que não tinha mais condições nem de andar sozinho. "Eu andava e caía no chão", recorda. Com medo de que algo mais sério pudesse acontecer em um desses tombos, Hélio resolveu se refugiar em seu lar. Ele, que como militante da esquerda havia vivido uma vida intensa de fugas durante os anos de chumbo da ditadura militar, agora experimentava um outro tipo de refúgio, motivado pela dor. No esconderijo da poltrona, esforçava-se para conseguir manter a mente sã, mas, aos poucos, ia perdendo também essa batalha. "Sentia que estava enlouquecendo com todo aquele sofrimento. Não conseguia pensar em outra coisa, tudo o que eu queria era encontrar alguma coisa que fizesse a dor passar", recorda.

O quadro foi se agravando até que, em janeiro de 2011, foi internado durante uma crise de dor aguda. Quando chegou à emergência do hospital, estava desfigurado. Sua pressão, que sempre estivera dentro dos limites adequados, estava nas alturas. Estava dez quilos mais magro, sentia-se fraco e estava visivelmente abatido. Já não alimentava grandes expectativas em relação à internação. Tudo o que queria, relembra, era ganhar uma dose de morfina que o fizesse esquecer tudo aquilo que estava sofrendo. Nem imaginava que aquela visita inesperada ao hospital pudesse lançar luz sobre um tratamento eficaz para a sua enfermidade.

Acontece que, enquanto estava internado, foi indicado um procedimento que era uma novidade para ele: uma injeção de analgésicos na região da coluna lombar e do quadril. A primeira aplicação aliviou um pouco a intensidade do incômodo e, no mês seguinte, ele voltou para uma segunda injeção. O alvo do tratamento era a raiz nervosa, localizada entre a última vértebra lombar e a primeira vértebra sacral e que estava sendo comprimida por causa da hérnia de disco. Uma vez identificado o problema e devidamente tratado, rapidamente a dor se dissipou. Suas marcas, porém, já estavam espalhadas por todas as partes do corpo de Hélio.

Ele não tinha mais forças. O peso perdido levara boa parte da massa muscular. Mal subia dois degraus de escada e fraquejavam as pernas. Parecia um espectro do homem que fora outrora. Incomodado com todas as limitações impostas pelo período de dor, Hélio decidiu agir. No mês seguinte, março, matriculou-se em uma academia perto da sua casa para fazer natação. A redução de impacto proporcionada pela água, imaginou, ia ajudá-lo a não forçar muito o corpo na retomada das atividades. No primeiro mergulho na piscina, porém, ele descobriu que o retorno seria bem mais difícil do que imaginara. Mal nadou 15 metros, começou a sentir que os músculos de seus braços e pernas haviam se tornado insuficientes para romper a água. Além da ausência de força, faltava fôlego para permanecer submerso. "Foi horrível, mas eu voltei na outra aula", brinca o jornalista ao relembrar o dramático reencontro com a piscina. O desafio estava posto e Hélio não queria perder. Reforçou a natação com uma hora de musculação e, após um ano de treino, já conseguia nadar 900 metros sem sentir nenhum incômodo. Havia conseguido apagar uma das marcas deixadas pela dor.

A outra triste lembrança que o acompanhou mesmo após o fim da crise dolorosa foi a depressão. Essa, ele vai apagando aos poucos. "Perdi as estribeiras durante a crise", conta. "Não queria ir a lugar nenhum, não queria nem ver gente à minha frente". Hélio guarda na memória uma imagem do auge da doença, durante o Natal de 2010. Lembra com detalhes de estar sentado em uma poltrona e perceber todos ao redor a observá-lo com cara de pena. Tinha vontade de pegar nos braços o netinho João, mas não podia. A sensação de impotência misturava-se com tristeza e ele não conseguia reagir. "A ditadura não me derrubou, nem o câncer, mas com a dor eu sentia que estava perdendo a razão. Não conseguia pensar, não conseguia raciocinar, não conseguia nem querer desistir", resume.

Por isso, passou a festejar cada projeto e rotina retomados depois de haver controlado a dor. Um marco na sua luta contra a dor crônica foi a viagem que fez em agosto de 2011 para Cuba, território que é seu velho cohecido. Ele esteve por lá em 1968, fugindo das perseguições da ditadura militar brasileira, e, desde então, fez e manteve contato com seus amigos cubanos. Estava planejando filmar um documentário sobre os rumos do país após a doença de Fidel Castro, quando começaram suas próprias dores e ele se viu forçado a adiar a viagem. Com o progresso no tratamento, porém, ele decidiu voltar ao projeto e encarar as 10 horas de voo até a ilha. "Tive um pouco de receio em passar tantas horas sentado, mas resolvi ir", conta Hélio, que ensaiou algumas caminhadas no corredor da aeronave durante o voo para não ficar tempo demais na mesma posição. A decisão de rumar para a ilha foi duplamente recompensada quando, mais de 40 anos depois, ele a reencontrou. Bastou pisar o solo do aeroporto Internacional José Martí, em Havana, para a brisa úmida do clima caribenho trazer à memória aqueles efervescentes anos de militância. E, junto das recordações de juventude, veio uma constatação: mesmo depois das 10 horas de voo, não sentia mais dores. Nos dias seguintes, andou toda a cidade, reviu os amigos, tomou rum e voltou, embalado pela ideia de aproveitar o bom momento de sua vida para finalmente realizar o projeto de filmar o documentário.

Entenda o caso de Hélio

O que é a lombalgia?

Lombalgia ou lombociatalgia é o nome da enfermidade que tirou as forças de Hélio e que afeta, anualmente, milhões de pessoas pelo mundo. Ela é uma das possíveis formas de manifestação da popular "dor nas costas" e consiste no incômodo sentido na parte baixa da coluna, na região lombar, às vezes irradiando até o pé. De acordo com a Organização Mundial da Saúde, 80% da população têm dores no terço inferior da coluna em algum momento da sua vida. É um incômodo muito comum e que a maior parte das pessoas já vivenciou ou ainda irá vivenciar. Essa é também a maior causa de queixas em consultórios médicos em todo o mundo, o que faz dessa enfermidade um dos problemas músculo-esqueléticos mais frequentes entre a população ocidental.

Quando analisada a sua distribuição, a lombalgia é bem democrática: atinge da mesma forma a todas as etnias e afeta igualmente a homens e mulheres, sendo mais comum entre pessoas obesas ou que apresentam vícios posturais - como movimentos impróprios de curvatura ou que sobrecarregam músculos, tendões e ligamentos durante a torção ou o levantamento de peso. De acordo com os cientistas, a doença tem atingido proporções endêmicas nas sociedades industrializadas, acredita-se que pelo aumento da expectativa de vida e pela influência do estilo de vida contemporâneo, uma vez que tanto o avançar da idade quanto problemas posturais estão associados ao desenvolvimento da enfermidade.

Para se compreender a lombalgia e seus efeitos é importante ter em mente como se dá o funcionamento da coluna vertebral. Essa estrutura, fundamental para a sustentação do corpo humano, é formada pelo empilhamento de 24 ossos, as vértebras, que vão desde o pescoço até a região lombar. Sua função primordial é dar estabilidade e flexibilidade ao corpo, permitindo a ele ficar ereto e mover-se em todas as direções. A última vértebra lombar se relaciona embaixo com o osso sacro, que por sua vez está ligado ao ilíaco (osso do quadril). Entre cada uma dessas vértebras há um disco invertebral, pequena peça responsável por unir as vértebras e dar-lhes movimento, o que consegue devido à sua consistência maleável, garantida por um anel fibroso exterior recheado por uma substância gelatinosa chamada núcleo pulposo. Quando o organismo está saudável, o núcleo pulposo corresponde a dois terços da área total do disco, suporta mais de 70% do peso recebido e 90% de sua estrutura é composta por água.

Seguindo para o interior da coluna vertebral, encontraremos aí sua parte mais nobre. Ela guarda a medula espinhal, incluindo uma rede de nervos que conecta o cérebro ao restante do corpo e é responsável pela transmissão dos impulsos sensoriais e motores. Por sua complexidade, a coluna vertebral está vulnerável a várias lesões e desgastes, como distensões musculares, problemas de ligamentos, rupturas de discos e pinçamentos de nervos – este último, a causa da "dor ciática" relatada por Hélio.

Coluna vertebral

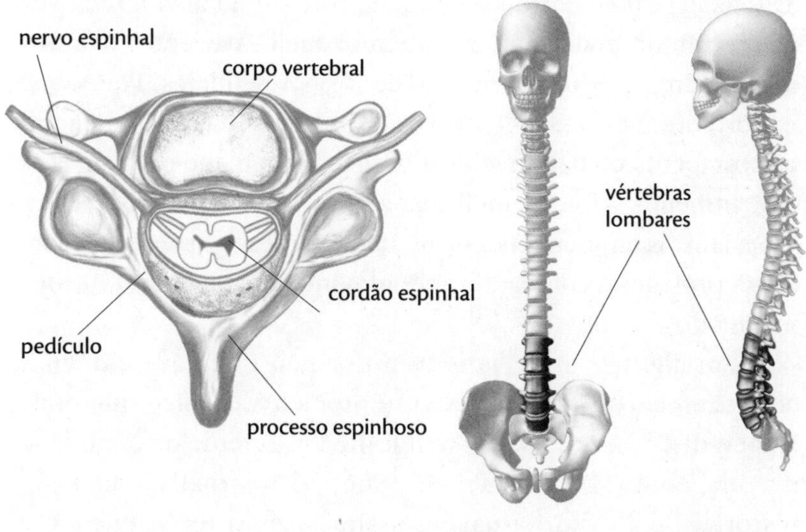

Quando a dor na região lombar acontece, muitas podem ser as causas e os diagnósticos possíveis, assim como serão variados os graus de intensidade do incômodo. Alguns pacientes experimentarão ligeiros desconfortos, como dores e queimações. Outros terão crises mais graves, com "travamentos". Em alguns casos, como o de Hélio, a doença evolui tanto que chega a impedir a pessoa de ficar de pé e de andar. A maior parte dos casos carateriza-se por dor aguda, que aparece e desaparece de forma relativamente rápida, e é causada por lesões de músculos ou ligamentos machucados ou inflamados. Nos casos em que os sintomas param e voltam, o problema é descrito como dor recorrente, que pode virar dor crônica caso persista por três meses ou mais.

A boa notícia é que por volta de 60% das pessoas que sofrem de dor lombar melhoram seus sintomas em até seis semanas, sem precisar de tratamentos especializados. A dor lombar não específica responde bem à combinação de analgésicos comuns, anti-inflamatórios e fisioterapia. O mais importante é que a atenção se concentre no período posterior ao alívio, uma vez que é comum que as dores voltem naqueles pacientes que não iniciam um programa de atividades físicas regulares. Por isso, é importante mover-se. O ideal é formular, com o auxílio de um fisioterapeuta ou de um educador físico, um plano para aliviar a dor, aumentar a força e melhorar a mobilidade e a postura. Esses especialistas também podem ajudar com dicas ao paciente sobre como proteger a coluna durante movimentos, evitando futuros incômodos.

Em alguns casos, porém, a dor não desaparece apenas com exercícios, tornando-se um problema crônico que pode levar a distúrbios do sono, irritabilidade e perda da qualidade de vida, como aconteceu com o simpático jornalista da nossa história. Para evitar situações assim, o mais recomendado é tratar precocemente a dor aguda, não esperando muito tempo para procurar um médico especializado. Conviver com aquela "dorzinha nas costas" não é normal e pode levar ao agravamento da situação. Além disso, a tentativa de tolerar o incômodo muitas vezes vem acompanhada por um outro hábito prejudicial: o uso contínuo e indiscriminado de analgésicos, anti-inflamatórios ou relaxantes musculares. Esse abuso é muito comum entre pessoas que optam pela automedicação na fase aguda ou crônica da lombalgia. A facilidade de acesso a certas medicações "vendidas no balcão sem receita" pode passar a impressão de que não há riscos em seu uso, o que não é verdade. O aumento das doses para tentar proporcionar alívio pode levar a um dos numerosos efeitos deletérios desses medicamentos, afetando o rim, o fígado ou o estômago. Por isso, todo cuidado é pouco na hora de se medicar.

Como diagnosticar a hérnia de disco ou outros problemas de coluna

Até agora, não falamos sobre o que diferencia a lombociatalgia das demais lombalgias. Marcar essa diferenciação é importante para o diagnóstico. A lombalgia é a dor que ocorre na região do terço inferior da coluna, sem irradiação, mais especificamente entre as vértebras L1 e L5. Em alguns pacientes, como ocorreu com Hélio, a dor da lombalgia irradia para o pé, gerando a lombociatalgia. Nesses casos, a dor do nervo ciático pode vir acompanhada por alguns espasmos musculares. Seja lombalgia ou lombociatalgia, a arma mais preciosa para o diagnóstico é mesmo o exame clínico. O paciente deve ser examinado nas três posições: sentado, deitado e de pé. Em cada uma delas, as estruturas da coluna são apalpadas e são realizados testes neurológicos.

Como uma maneira de complementar a hipótese diagnóstica preexistente, podem ser feitos exames de imagem, como o raio-X, a tomografia computadorizada e a ressonância magnética. Entretanto, é preciso enfatizar que esses testes são complementares, pois muitas vezes as mudanças nos discos e em outras estruturas da coluna vertebral não aparecem nas imagens. Além disso, mesmo nos casos em que há protusão nos discos vertebrais, não há uma relação clara entre a sua extensão e a dor sentida pelo paciente. Em diversas ocasiões, a ressonância magnética mostra alterações importantes, mas os pacientes são completamente assintomáticos, ou, ao contrário, pequenas degenerações ou desidratações discais podem ser fontes de dores fortíssimas.

De acordo com estudos sobre o assunto, apenas em 15% das lombalgias ou lombociatalgias é possível encontrar uma causa específica para o surgimento do problema. Isso ocorre justamente pela dificuldade em se fazer uma correlação fidedigna entre os achados clínicos e os de imagem. Assim, o melhor é tratar a dor como a própria doença, em vez de restringir-se a buscar a causa em exames e mais exames caros e sofisticados e, algumas vezes, desnecessários. Sobre as origens da dor lombar, há três grandes grupos de fatores desencadeantes do problema:

- Dor não específica: Não há evidências de sintomas radiculares ou de doença sistêmica a causar o incômodo. Corresponde à maior parte dos casos de lombalgia e tem como uma das causas a sobrecarga. Exemplos são a distensão, a tensão muscular e a degeneração do disco. A dor discogênica lombar, causa mais comum de lombalgia crônica, com taxas que variam de 30% a 60% de todos os casos, também faz parte desse grupo. Tem como peculiaridade o fato de que o incômodo pode irradiar-se para os membros inferiores, normalmente piorando o sofrimento durante a realização de movimentos.
- Dor específica: Existe uma doença claramente identificável como a causa da dor. Exemplos são as infecções, os tumores, as hérnias discais e as dores associadas à radiculopatia, à estenose espinhal e às fraturas de coluna.

- Dor lombar como dor referida: Tem sua origem não nas estruturas anatômicas da coluna, mas sim em órgãos localizados na cavidade abdômino-pélvica (órgãos do aparelho reprodutor, das vias urinárias ou do sistema digestivo). Trata-se, portanto, de uma sensação dolorosa transmitida devido à proximidade da via nervosa.

Dor nas costas e envelhecimento

Problemas distintos de coluna estão associados a cada faixa etária e, à medida em que os anos avançam, é necessário redobrar a atenção (Ver quadro). Isso ocorre porque o envelhecimento provoca alterações importantes nos tecidos dessa região, em especial nos discos intervertebrais, o que pode levar ao surgimento de dores. Como dito anteriormente, a dor nas costas está fortemente relacionada à degeneração do disco intervertebral. Essa estrutura é a primeira a degenerar no tecido musculoesquelético, com as primeiras perdas tendo sido observadas ainda na adolescência, por volta dos 11 aos 16 anos.

É, porém, após os 30 anos que o núcleo pulposo acentua o processo natural de desidratação. Para se ter uma ideia, aos 70 anos o percentual de água na constituição celular desse tecido cai dos 90% para os 65%, o que causa uma drástica redução na capacidade de o núcleo pulposo suportar carga. O peso passa então a recair sobre as articulações posteriores, criando um estresse biomecânico que será compensado pelo organismo por meio do crescimento do osso. Embora seja uma consequência natural do envelhecimento, em alguns casos esse reequilíbrio pode não ocorrer de maneira adequada, resultando no aparecimento da estenose lombar. Esse fenômeno caracteriza-se pelo estreitamento do canal vertebral, gerando compressão das raízes nervosas e, como consequência, dor.

A DOR NAS COSTAS DE ACORDO COM A IDADE

Idade	Problemas mais comuns
Menor que 10 anos	Dores musculares (causadas por mochilas pesadas), mielomeningocele, osteoblastoma, leucemia, cifose congênita ou escoliose.
Adolescente	Má postura, dores musculares e escoliose.
Segunda década	Lesões do disco intervertebral (protusão discal central, lesão do disco por entorse ou pós-traumática).
Terceira década	Hérnia ou degeneração discal.
Quarta década	Hérnia ou degeneração discal, espondilolistese com dor radicular.
Quinta década	Degeneração discal, herniação do disco, tumores metastáticos ou dor facetária.
Sexta década ou mais	Estenose do canal medular, degeneração discal, hérnia de disco, instabilidade vertebral ou tumores metastáticos.

Fatores de risco para o desenvolvimento de lombalgia

→ Gen→ Obesidade → Diminuição da força dos músculos do abdômen → Sedentarismo → Alterações estruturais na coluna como escolioses e hipercifoses → Gravidez → Traumatismos causados por atividade repetitiva e esportes violentos ou competitivos → Problemas posturais causados por longas jornadas de trabalho ao computador ou travesseiros e colchões inadequados, entre outras razões.

Como tratar a lombalgia

Não há como falar de tratamento de lombagia sem citar a importância dos métodos não farmacológicos (e, por isso, teremos uma seção adiante dedicada somente a explicar os usos da fisioterapia nesse tipo de dor). Eles são fundamentais, especialmente no tratamento dos casos mais comuns, que são aqueles em que a enfermidade tem origem mecânica. Para esses pacientes, a regra de ouro é ter o movimento como aliado e evitar períodos longos de repouso, já que, assim como Hélio, a maioria dos pacientes com dor crônica desenvolve uma tendência ao sedentarismo, evitando exercitar-se pelo receio de aumentar as dores. Embora pareça o melhor a ser feito, essa medida tem o efeito oposto: intensifica ainda mais o sofrimento.

Cabe, portanto, à equipe médica ajudar o paciente a retomar a confiança em sua capacidade de movimentar-se. Duas aliadas nesse processo são a fisioterapia e a prática de exercícios. No caso de Hélio, a opção foi por natação e musculação combinadas, mas o que as pesquisas mostram é que diferentes atividades físicas podem oferecer bons resultados, como a hidroginástica e a caminhada. O importante mesmo é manter-se ativo e em movimento.

Nos casos em que são necessários remédios, pequenas doses de antidepressivos podem ser indicadas e são capazes de reduzir a insônia e de ajudar o organismo a responder ao tratamento da dor crônica. Alguns anticonvulsivantes também podem ser úteis no caso de dores neuropáticas radiculares. Doses mais altas de antidepressivo são indicadas apenas caso haja a detecção de algum quadro depressivo associado, como aconteceu com Hélio, cujo sofrimento físico prolongado acabou levando a uma depressão. A automedicação, como vimos, além de não ajudar a controlar a dor, pode piorar a saúde do paciente.

A MEDICINA INTERVENCIONISTA DA DOR

Este é um tema que tem ganhado cada vez mais espaço no controle da dor crônica. A medicina intervencionista da dor dedica-se tanto ao diagnóstico quanto ao tratamento de dores agudas e crônicas, utilizando principalmente técnicas minimamente invasivas realizadas por meio de agulhas posicionadas estrategicamente em pontos definidos por meio de exames de imagem. A principal vantagem dessas intervenções é o baixo risco, oferecendo pouca morbidade e rápida recuperação ao paciente. Os dois principais procedimentos para os casos de lombociatalgia são:

Bloqueio peridural transforaminal: Consiste na injeção peridural de anestésico e anti-inflamatório, acessando diretamente o nervo responsável pela dor. Guiado pela radioscopia, pode-se encontrar exatamente a saída de um nervo localizado em uma abertura chamada forame (por isso o nome injeção transforaminal) e, assim, posicionar a agulha de forma a injetar a medicação- em um espaço peridural específico, por exemplo em L5-S1 caso do paciente Hélio.

Infiltração muscular: Trata-se da injeção de anestésico de ação local sobre um músculo dolorido. Quando os feixes musculares são superficiais podem ser apalpados para a localização de pontos-gatilho, sobre os quais será, posteriormente, realizada a infiltração. Quando os músculos envolvidos na dor são profundos, como em vários casos de dor lombar, são primeiro localizados através de imagem radiológica, com a possibilidade de injeção de contraste para a confirmação do alvo ou por meio do ultrassom.

Outros alvos lombares podem ser bloqueados através da medicina intervencionista, entre eles, as articulações facetárias, as articulações sacroilíacas e o disco intervertebral, dependendo de cada caso.

Cirurgias de coluna, quando?

As cirurgias de coluna são indicadas para aqueles casos em que existem déficits neurológicos, como por exemplo, a perda de força muscular. Quando a queixa é de dor, a indicação é explorar todas as outras opções antes de partir para a operação na coluna, uma vez que este é um procedimento caro e arriscado. Para um paciente que recebeu a indicação de uma cirurgia nessa região, o melhor é pedir uma segunda ou mesmo uma terceira opinião médica, mesmo nos casos de procedimentos mais comuns, como a laminectomia, a discectomia, a foraminotomia, a fusão vertebral e a artrodese.

A FISIOTERAPIA NO TRATAMENTO DAS LOMBALGIAS

É difícil falar em tratamentos para a lombalgia sem citar a fisioterapia como uma das principais aliadas. Esta opção, normalmente usada em conjunto com outras, garante bons resultados ao paciente, ajudando-o a corrigir possíveis problemas de postura relacionados ao surgimento da enfermidade. No geral, os métodos fisioterapêuticos vêm acompanhados por técnicas analgésicas, que podem ser feitas usando o calor ou o frio para o alívio da dor. Várias são as alternativas: o calor superficial pode ser obtido com bolsas de água quente ou travesseiros termoelétricos, por exemplo. Já o calor profundo é produzido com ultrassom ou ondas curtas. Para se obter a sensação de frio, podem ser usadas bolsas de gelo, sprays de vapor frio e imersão no gelo. Outras fontes de analgesia são a estimulação elétrica nervosa transcutânea (TENS) e o laser. Um bom procedimento analgésico é fundamental para garantir o sucesso dos exercícios que veremos a seguir.

Começando pela estabilização lombar, ela pode ser feita por meio de movimentos que promovem o fortalecimento dos músculos responsáveis por dar estabilidade a essa região da coluna – como os transversos do abdômen, o períneo e os multifídeos. Ao dar mais força para essas estruturas musculares, a coluna torna--se mais fixa, diminuindo os riscos de lesões e de dor por excesso de mobilidade local. Algumas das técnicas a serem usadas são o Pilates, exercícios com o Estabilizer (equipamento que registra alterações de pressão detectando o movimento da coluna) e o biofeedback eletromiográfico (aparelho que, por meio de eletrodos, capta a eletromiografia de um músculo específico), entre outros. A hidroterapia também é muito usada pois ao mesmo tempo em que relaxa a musculatura, diminui a sobrecarga sobre as articulações, facilitando a realização dos exercícios. Nas figuras podemos ver alguns exemplos de estabilização lombar.

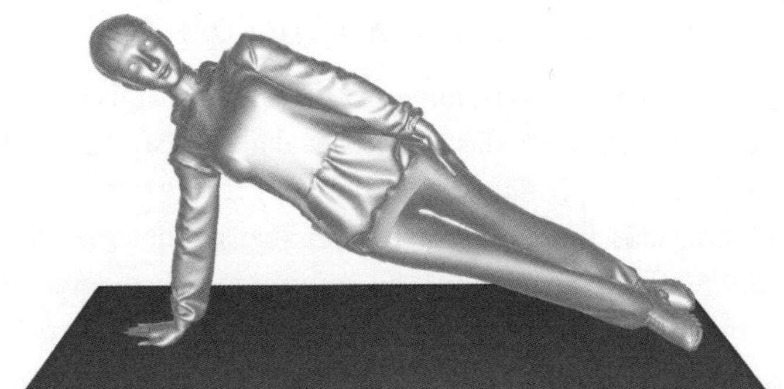

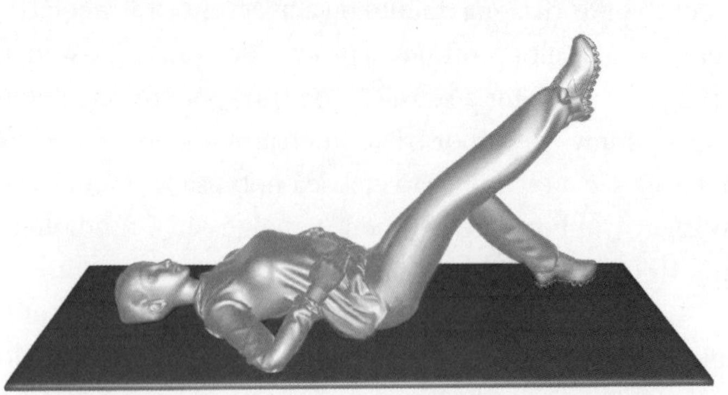

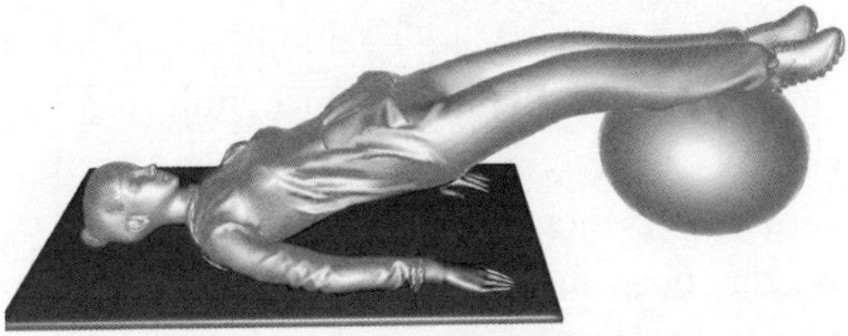

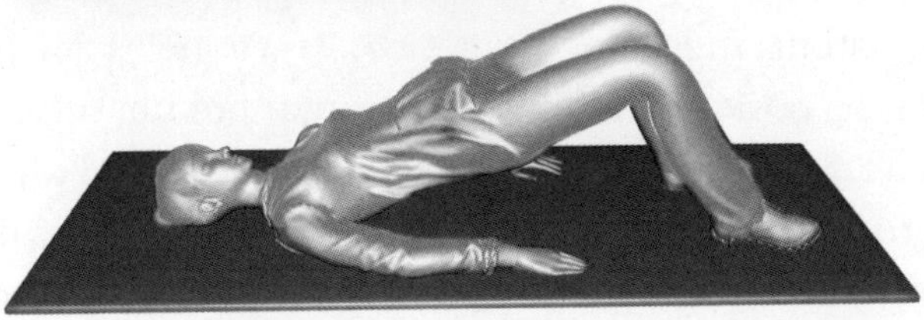

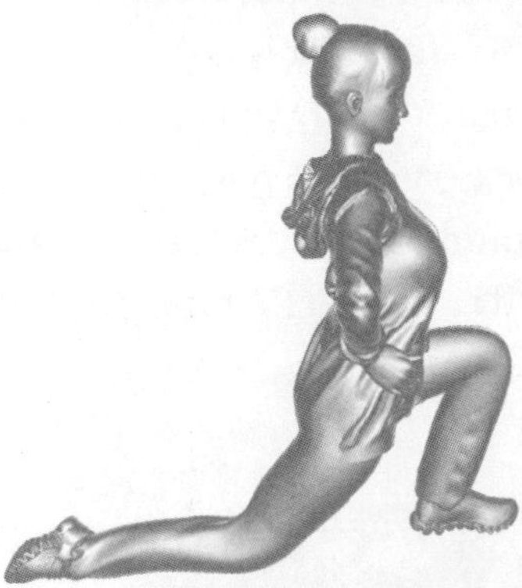

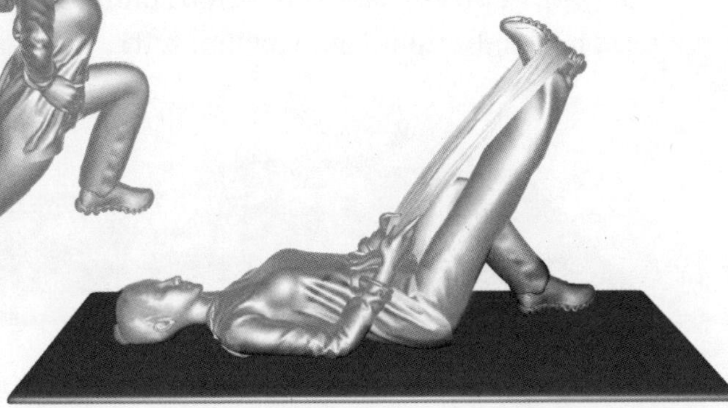

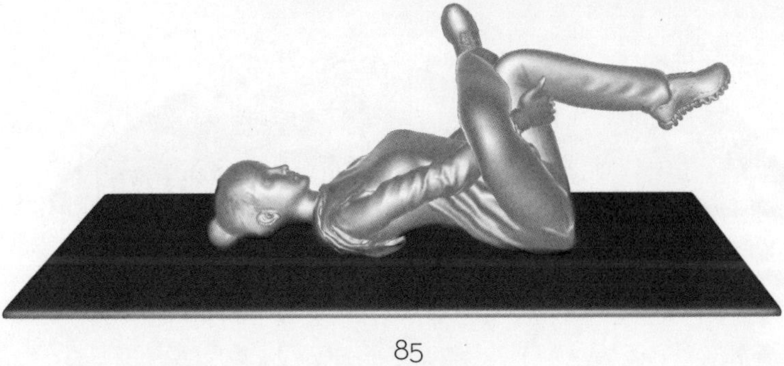

A abordagem fisioterapêutica para a lombalgia, entretanto, não se resume somente a exercícios. Outra linha fundamental de atuação são as orientações posturais e de ergonomia, que têm como uma de suas principais frentes a higiene do sono, ou seja, a correção das posturas usadas pelo paciente durante à noite, de modo que seu corpo fique em equilíbrio, sem sobrecarregar o sistema musculoesquelético. Para aqueles que preferem dormir na posição lateral, a dica é optar por um travesseiro que respeite a altura do ombro, deixando a cervical alinhada com o resto da coluna. Os braços não devem ficar acima do nível dos ombros. Outro travesseiro complementar pode ser usado ao lado do corpo, para alinhar toda a coluna, fazendo um apoio para o braço e para a perna que estão em cima.

Já para quem prefere dormir de barriga para cima, o travesseiro deve ser mais baixo, para deixar a cervical na posição neutra. Um travesseiro embaixo dos joelhos também deve ser usado para relaxar a lombar alinhando melhor toda a coluna (Ver imagem).

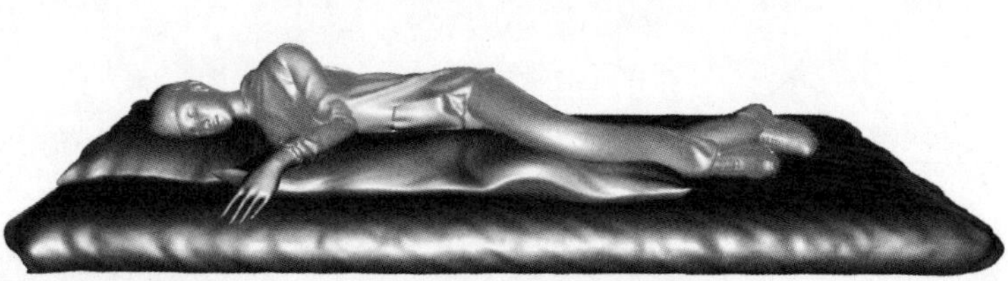

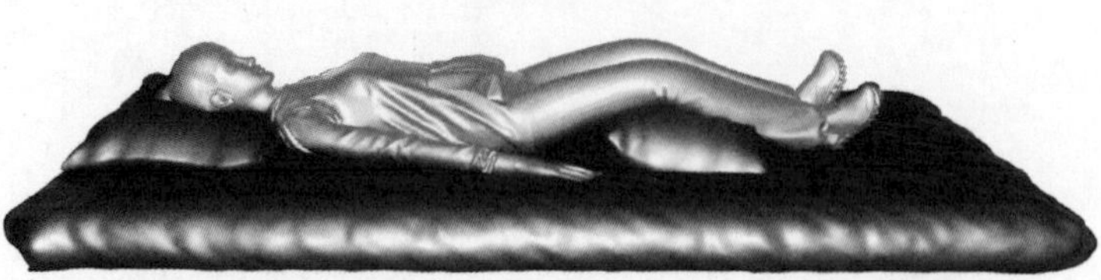

Além da cama, outro foco importante para as orientações posturais e de ergonomia é o espaço de trabalho. Os principais cuidados nesse ambiente são para evitar as posturas inadequadas, os movimentos repetitivos e os períodos superiores a duas horas na mesma posição. Levantar para buscar água e fazer um pequeno alongamento dos membros superiores (Ver imagem) são maneiras de ajudar a preservar a saúde da coluna.

Faça alongamento diariamente:

Para quem permanece muito tempo sentado diante do computador, há uma série de recomendações a serem observadas. O monitor deve estar em uma altura na qual os olhos fiquem alinhados com a parte superior da tela. A cadeira precisa ter um apoio lombar, deixando a articulação do quadril em um ângulo próximo aos 90° e a pessoa tem que sentar sobre os ísquios (os ossinhos que temos nas laterais da nádega). O antebraço deve estar apoiado, mantendo um ângulo de aproximadamente 90° e os cotovelos à altura da mesa, de modo que os punhos fiquem em posição neutra para a digitação. Os pés têm de estar apoiados, deixando os joelhos em flexão de 90° e sem comprimir a fossa poplítea (a parte de trás do joelho) evitando assim o inchaço dos membros inferiores (Ver imagem).

Vários outros cuidados devem ainda ser tomados no ambiente doméstico. Quem gosta de jardinagem, como é o caso do personagem deste capítulo, pode usar um banquinho baixo para sentar enquanto mexe na terra ou ter o cuidado de abaixar-se sempre dobrando os joelhos. Para carregar coisas pesadas, a dica é sempre mantê-las o mais próximo possível do corpo e, no caso de sacolas, dividi-las entre as duas mãos. Para pegar algo no alto, o mesmo banquinho baixo pode ser usado para facilitar o acesso sem muitas estripulias. Já para o trabalho em pé, em bancadas, deve-se ficar o mais próximo possível e o banquinho pode ser novamente usado para apoiar um dos pés. Na hora de assistir televisão, a coluna deve ser mantida sempre o mais ereta possível, com apoio para a lombar e para os pés. Cuidado semelhante deve ser tomado ao dirigir, situação na qual também é importante apoiar a cabeça e manter sempre joelhos e cotovelos em leve flexão. Até mesmo a caminhada pode ser aprimorada para evitar a dor lombar. A indicação é andar mantendo sempre a visão aberta no horizonte, pisar usando toda a sola do pé, como se ela fosse uma roda, e respirar usando toda a sua capacidade. A coluna certamente agradece a todas essas pequenas alterações na rotina.

Para uma boa noite de sono

- Evite bebidas estimulantes três horas antes de dormir, como café, chá preto, refrigerantes ou bebidas alcoólicas;
- Mantenha a regularidade nos horários de dormir e de levantar;
- Vá para a cama apenas quando estiver com sono. Não a utilize para ler, trabalhar ou estudar;
- Durma em um lugar confortável, silencioso e sem muita luminosidade;
- A cama deve ser confortável com colchão e travesseiro adequados e lençóis de qualidade;
- Evite assistir televisão no quarto pois ela atua como um estímulo que pode atrapalhar o sono;
- Não faça exercícios muito intensos durante à noite, pois eles aceleram o organismo em um momento que deve ser de descanso;
- Não coma muito no jantar, a digestão fica bem reduzida enquanto se dorme;
- Nunca tome medicação para dormir sem prescrição médica.

DICAS

- Em geral, o repouso é nocivo para o tratamento da lombalgia. Manter uma rotina de atividades deve ser uma prioridade durante o tratamento;
- Nos casos crônicos, é muito importante que o paciente tenha à sua disposição uma equipe multidisciplinar composta, especialmente, por médico, fisioterapeuta e psicólogo;
- Os exames de imagem podem ser traiçoeiros durante o diagnóstico da lombalgia pois muitas vezes não serão capazes de mostrar a causa da dor;
- Cirurgias na coluna não são um procedimento padrão para os casos de dor. Pelo contrário, para o alívio do incômodo há inúmeros outros métodos preferenciais que devem ser tentados primeiro, por exemplo, as técnicas de medicina intervencionista da dor.

Fibromialgia

5

Dor do fio de cabelo ao dedão do pé

Entre sorrisos, a professora aposentada Lúcia anuncia: "Até o fim do ano eu e minha mala vamos entrar em um avião e viajar." Aos 61 anos, a afirmação é mais que um desejo. É um sinal de superação dos tempos difíceis vividos por Lúcia no último par de anos. Enquanto fala dos planos, anima-lhe a lembrança a última viagem para o exterior, com o marido. "Fomos para Nova York. A gente tomava café da manhã e saía para conhecer a cidade. Andávamos o dia todo, até o anoitecer". O passeio foi bonito, apesar do momento conturbado na vida da professora. Diferentemente das outras tantas viagens anteriores, aquela tinha como ponto de partida um momento de luto. Meses antes do embarque, em maio de 2010, ela havia perdido o pai. Pegar um avião e cruzar o continente fora sugestão do marido, que, conhecendo a afeição da mulher por viagens, achou por bem fazer o passeio como uma maneira de superar o momento de tristeza.

Lúcia havia vivido os últimos seis meses engajada em uma dura batalha diária contra a doença do pai, Jorge. Filha única, enfrentou seus próprios limites para cuidar do progenitor. Era ela a responsável por dar toda a assistência necessária: comida, banho, remédios. Seria uma situação usual – a filha que cuida do pai doente – não fosse por um detalhe: a própria Lúcia é portadora de uma doença crônica, a fibromialgia, que já incomodava há mais de 14 anos. A síndrome, que acomete em sua maioria mulheres de meia idade como Lúcia, causa dores intensas por todo o corpo. A medicina ainda não conseguiu descobrir exatamente o que faz com que o problema se manifeste, nem possíveis curas. O que sim, já se sabe, é que há maneiras para aliviar o sofrimento, o que a maioria dos pacientes, assim como a professora aposentada, demora a descobrir.

Enquanto cuidava do pai, Lúcia sublimou as dores. Não queria demonstrar fraqueza diante do pai enfermo. Quando ele se foi, entretanto, tudo voltou, muito mais intenso e generalizado do que de costume. "Braço, antebraço, mão, perna, doía tudo. Era uma coisa horrorosa. Eram vários pontos de dor espalhados por todo o corpo", recorda. Uma versão bem pior do incômodo que sentia havia vários anos. Os primeiros sintomas da fibromialgia vieram ainda no fim da década de 1990, pouco depois da aposentadoria. Começou com uma dor no ombro esquerdo, que depois se alastrou para o pescoço e para as costas. Por fim, o nervo ciático (principal nervo dos membros inferiores) foi atingido, levando a dor às pernas e aos pés. Tanta dor espalhada pelo corpo acabava resultando em mais um incômodo: dor de cabeça. Somadas à fibromialgia, ainda havia mais cinco hérnias de disco que tiravam a paz de Lúcia. Mesmo com tudo isso, ela nunca deixou de viajar nem de cuidar do neto. Acostumou a viver assim, doída. Só depois da morte do pai, quando seu estado de saúde piorou significativamente, ela percebeu que precisava buscar ajuda médica. Doíam-lhe tanto as articulações que já não lhe era possível caminhar sozinha. Era preciso auxílio do marido para quase tudo: para ir ao banheiro, para sair da cama, para ir à rua. "Ele era minha bengala", brinca Lúcia.

Os recursos que ela usava antes, também deixaram de surtir efeito. Nem os remédios, nem as massagens e o shiatsu - que por muito tempo foram seus aliados - conseguiam proporcionar alívio. "Antes, tudo isso me ajudava muito. Depois passou a dar certo só na hora e, logo em seguida, voltava tudo. O massagista mal saía da minha casa e eu precisava dele de novo", lembra. Sem uma melhora em seu quadro, Lúcia foi em busca de novos médicos e tratamentos. Esbarrou em incompreensão e descrença. "Tive um fisiatra que, um dia, pediu para que eu saísse da sala, chamou meu marido e disse a ele que tudo o que eu relatava era invenção minha", relembra. Lúcia sentia a necessidade de ao menos encontrar alguém que reconhecesse suas dores para que assim houvesse a possibilidade de tratamento.

Foi ao acaso que, um dia, ela encontrou o que procurava. Descobriu um exame, a termografia, que mede a emissão de radiação infravermelha do corpo. Diferentes temperaturas ganham cores distintas, formando uma espécie de mapa no qual é possível identificar quais tecidos estão registrando atividade inusual. Quando viu o mapa colorido de seu corpo, Lúcia conseguiu, pela primeira vez, dar materialidade ao que sentia. Na imagem, aparecia cada um dos pontos de dor. "O exame detectou tudo o que me incomodava e que os médicos anteriores não conseguiam ver", conta Lúcia. Ver a dor assim, ilustrada, não curou a professora (ainda estava reservada uma longa caminhada para controlar a doença), mas deu uma certeza: não era coisa da sua cabeça. Muito pelo contrário, a própria especialista que acompanhava Lúcia comentou com surpresa o que a termografia mostrava. "Ela disse que nunca tinha visto tantos pontos de dor em um mesmo exame", comenta Lúcia, entre risos, lembrando a reação da mulher.

Diante do diagnóstico de fibromialgia construído com a ajuda do exame, foi sugerido um tratamento até então desconhecido por ela: as infiltrações anestésicas musculares. Esse procedimento é usado quando a dor sentida é causada por um excesso de atividade no músculo. É então aplicada uma dose de anestésico sobre ele, para que "relaxe" e, dessa maneira, diminua a dor. Foram feitas duas infiltrações em Lúcia, quase que simultaneamente: a primeira na região da lombar, e, uma semana depois, outra na coluna cervical. Os efeitos experimentados foram completamente opostos. A infiltração na lombar só piorou a situação: por estar muito tensa e nervosa, ela começou a sentir muito incômodo ainda durante a realização do procedimento. Já na coluna cervical, a aplicação foi tranquila e aliviou muito as dores que sentia. Por causa da diferença de resultados, seis meses depois ela repetiu o procedimento, mas apenas na coluna cervical. Isso ajudou a suportar o incômodo, mas não a livrou do problema. As visitas das dores em outras partes do corpo prosseguiam constantes e incômodas.

Como de outras vezes, porém, ela concluiu que as dores faziam parte de sua vida - e era preciso aceitá-las. Só mudou de ideia quando ouviu a história de um amigo da família, um médico, que, após sentir dores na coluna, "travou" completamente. Sem conseguir nem caminhar, ele procurou uma especialista em dor, recebeu uma injeção e conseguiu voltar a andar. Quando Lúcia ouviu a historia, aquilo ficou ecoando em sua cabeça: Ela, que há mais de uma década lidava diariamente com as dores, precisava ir à mesma médica e receber a tal injeção mágica. "Brincava em casa com meu marido e meus filhos que eles tinham de me dar uma consulta de presente", conta. Lúcia tanto fez que conseguiu a consulta e, no início de 2012, finalmente conheceu a especialista em dor que havia tratado o amigo. Logo no primeiro encontro, porém, Lúcia foi advertida de que não havia mágica que pudesse fazê-la sarar de uma hora para a outra. Seria sim possível reduzir e controlar as dores, mas para isso ela teria de seguir à risca todas as orientações. A doutora deixou bem claro:

para aliviar os sintomas da fibromialgia, 50% da responsabilidade era da equipe médica. Os outros 50% vinham do empenho dela, como paciente.

Mesmo sem passe de mágica, Lúcia aceitou o desafio. O primeiro passo foi a troca de todos os medicamentos que estava habituada a tomar. O resultado agradou. Com os novos remédios, o incômodo estava bem menor. "Até antes de ir à doutora, eu estava medicada mas estava 'travada'. Já estava bem no fundo do poço. Não tinha vontade de me vestir, nem de conversar com minhas amigas. Em algumas ocasiões, eu recebia uma visita e pedia à pessoa que ela fosse embora porque estava me sentindo muito cansada", recorda. Nos meses que antecederam o novo tratamento, o desânimo era tanto que até decidiu cancelar um tradicional evento em sua casa: a ceia de natal. Todos os anos ela reunia os dois filhos, o neto, a nora e o marido para a ceia. Ela mesma decorava a casa, com luzes e enfeites, e cuidava dos pratos. "Meu apartamento é, todos os anos, o mais iluminado da rua", orgulha-se. Em 2011, porém, faltaram forças a Lúcia e sua casa permaneceu apagada durante as festas de fim de ano. Não teve luz, não teve enfeite, nem árvore de Natal. Os filhos foram visitar a mãe, mas dessa vez ela não foi para a cozinha, nem preparou o jantar. Não tinha forças para isso.

Foi essa a realidade que virou passado quando Lúcia decidiu aceitar o desafio de ingressar em um novo tratamento. Além dos remédios novos, recebeu orientação para cumprir uma agenda de atividades complementares. Aulas de ioga, sessões de acupuntura e de massagem e consultas à psicóloga passaram a fazer parte da rotina da professora. Aos poucos, ela começou a retomar o ritmo e o ânimo e foi reconquistando sua vida. Desde que a crise dolorosa tinha se agravado, Lúcia havia engordado dez quilos, resultado da combinação dos remédios com a falta de atividade física. Ela, que sempre havia praticado algum esporte, decidiu abandonar as caminhadas diárias por causa da dor. Foram as atividades complementares que a convenceram de que estava, novamente, em condições de se exercitar.

Descobriu então um grupo de caminhada para pessoas como ela, que sofrem de dor crônica, e decidiu juntar-se à equipe. Quintas e sábados, ela está sempre lá, com o grupo, para andar no Parque Ibirapuera, em São Paulo, sob os olhares atentos de um professor de Educação Física, um fisioterapeuta e uma enfermeira. "Já estou caminhando três quilômetros", comemora Lúcia, que não se conformava em ficar parada dentro de casa. "É ótimo porque não sou só eu que fico feliz com minhas conquistas, eles também. Mais que a atividade física, é um grupo de ajuda que nos mantém motivados a seguir adiante". O treino tem dado confiança a Lúcia, que já ensaia calçar os tênis para ir mais longe. A próxima meta já está definida: pegar as malas, comprar uma passagem aérea e ir dar uma volta por aí, que o mundo é bem maior que qualquer dor.

Entenda o caso de Lúcia

O QUE É A FIBROMIALGIA?

"Braço, antebraço, mão, perna, doía tudo. Era uma coisa horrorosa. Eram vários pontos de dor espalhados por todo o corpo". A descrição de Lúcia caracteriza bem a fibromialgia e o sofrimento de quem desenvolve a doença. É comum ouvir desses pacientes a queixa de que dói tudo, do fio de cabelo ao dedão do pé. A fibromialgia é uma doença crônica bem comum, cujo nome vem de uma combinação entre o termo em latim "fibro" (de tecido fibroso) e as palavras gregas "myo" (músculo) e "algia" (dor). Seus principais sintomas, como vimos na história de Lúcia, são a dor muscular abrangente, a fadiga e a presença de múltiplos pontos sensíveis pelo corpo. Esses pontos sensíveis estão em locais específicos como o pescoço, os ombros, as costas, os quadris, e as extremidades superiores e inferiores. Nessas áreas, por menor que seja a pressão do toque recebido, o paciente sente uma dor insuportável e incompatível com o estímulo. Esse incômodo, aliado ao cansaço também gerado pela doença, não raro faz a pessoa se sentir incapacitada para executar as atividades diárias.

Outros sintomas frequentes são perturbações do sono, rigidez matinal, dores de cabeça, irritação intestinal, períodos menstruais dolorosos, amortecimento ou formigamento das extremidades do corpo, síndrome das pernas inquietas, sensibilidade à temperatura e problemas cognitivos ou de memória. Essa diversidade de sinais faz com que a fibromialgia seja, na realidade, definida como uma síndrome, e não como uma doença. Na medicina, entende-se como síndrome um conjunto de sintomas e problemas médicos que tendem a ocorrer simultaneamente, mas que não estão relacionados a uma causa específica identificável - justamente o que acontece na fibromialgia.

As causas dessa enfermidade são desconhecidas e o que se especula é que ela ocorra por uma combinação de fatores. É comum, por exemplo, o paciente associar o desenvolvimento da fibromialgia a um evento fisicamente ou emocionalmente estressante ou traumático, como um acidente automobilístico. Em outros casos, o início aparece ligado a ferimentos repetitivos ou a alguma doença. Já se observou, por exemplo, a associação entre a fibromialgia e o desenvolvimento de doenças autoimunes - como a artrite reumatoide ou o lúpus. Há ainda pacientes nos quais o problema parece ocorrer espontaneamente, sem relação com nenhuma outra anormalidade.

Essa falta de clareza sobre as causas e a diversidade de perfis dos pacientes têm levado vários pesquisadores a buscar a origem da fibromialgia em falhas no funcionamento do sistema nervoso central, especificamente nas áreas do cérebro e do cordão espinhal responsáveis pelo processamento da dor. Outra linha de pesquisa muito importante para o entendimento da fibromialgia tem se dedicado às raízes genéticas da síndrome. Para esses cientistas, há diferenças no modo como os genes de uma pessoa regulam sua reação a estímulos dolorosos. Dessa maneira, a fibromialgia poderia ser explicada pela presença de um ou mais genes trabalhando de forma diferente. Como resultado, o organismo de quem tem a doença reagiria de forma exacerbada à dor, sendo capaz de identificar estímulos os quais a maior parte das pessoas nem percebe. Contudo, esses genes - se de fato existirem - ainda não foram identificados.

O que se sabe atualmente é que a prevalência da fibromialgia é maior em mulheres (elas representam entre 80% e 90% dos diagnósticos) e em pessoas de meia idade. Convém lembrar que isso não significa que homens, idosos ou crianças não possam ser acometidos pela síndrome. Outra suposição relevante que vem sendo estudada é uma certa hereditariedade na manifestação dos sintomas, com vários estudos indicando que mulheres que têm em sua família alguém com fibromialgia, têm mais chances de apresentar a enfermidade. Porém, mais uma vez, a razão para que isso ocorra ainda é desconhecida.

Como diagnosticar a fibromialgia

É raro um paciente com fibromialgia receber o diagnóstico da doença logo no primeiro especialista que procura. Isso acontece porque alguns dos principais sintomas dessa síndrome - a dor, as alterações no sono e a fadiga - são comuns a várias outras doenças. Por isso, os médicos têm de primeiro descartar outras causas potenciais desses sintomas, antes de conseguir fechar o diagnóstico de fibromialgia. Outro problema é a ausência de testes laboratoriais que indiquem uma razão fisiológica para a dor, o que leva alguns médicos a concluir equivocadamente que a dor do paciente não é real - como aconteceu com Lúcia. Um especialista familiarizado com a síndrome, contudo, pode fazer um bom diagnóstico baseando-se em alguns critérios bem estabelecidos.

Em primeiro lugar, deve-se observar se há história de dor abrangente com duração de mais de três meses e a presença de pontos sensíveis. Para ser considerada abrangente, a dor deve afetar todos os quatro quadrantes do corpo, ou seja, deve ser sentida em ambos os lados (direito e esquerdo) assim como acima e abaixo da cintura. Outro critério é que a pessoa tenha pelo menos 11 pontos sensíveis dos 18 apontados (Ver figura). É comum que o paciente de fibromialgia sinta dor em outros lugares além dos apontados na figura, com muitos descrevendo o incômodo como "uma dor que vai do fio de cabelo ao dedão do pé".

Diagrama de pontos sensíveis na Fibromialgia

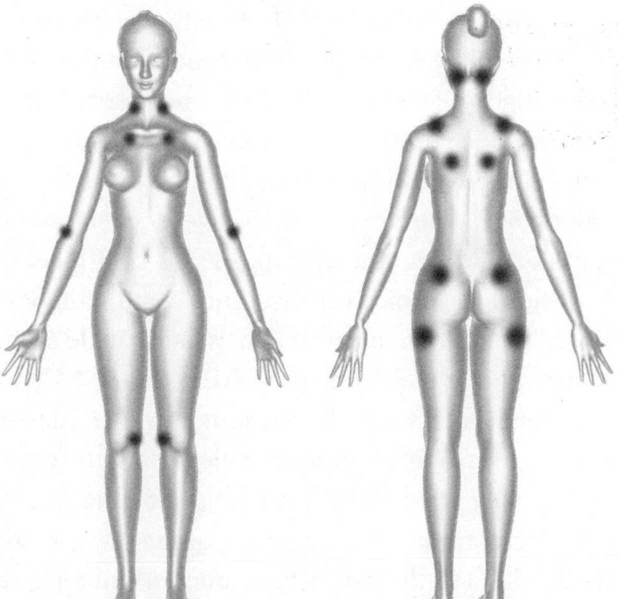

A termografia infravermelha feita por Lúcia também pode contribuir no diagnóstico. As alterações psicológicas que, não raro, ocorrem associadas à fibromialgia, muitas vezes levam a erros diagnósticos e mesmo à negação da doença pelos médicos menos familiarizados com a enfermidade. Com a termografia, esse erro pode ser minimizado. O exame, realizado sem contato e sem radiação, possibilita a documentação objetiva de alterações causadas pela fibromialgia e serve de apoio à avaliação clínica, ajudando a descartar outras possíveis doenças. É importante, nesse momento, o médico desempenhar um papel propositivo, evitando que o paciente se sinta abandonado ou desacreditado, como se sentiu Lúcia quando o especialista disse que ela estava saudável e que suas queixas "eram coisa de sua cabeça".

Como tratar a fibromialgia

Pode ser difícil controlar as dores da fibromialgia. Como já dito, nem todos os médicos estão familiarizados com seus sintomas e, por conseguinte, não conseguem definir um tratamento apropriado. Por isso, é importante buscar um especialista com experiência. Normalmente, o atendimento é realizado por uma equipe multidisciplinar, como vimos na história de Lúcia. Médico, fisioterapeuta, psicólogo e, eventualmente, outros profissionais integram o grupo. Essas múltiplas intervenções realizadas de forma concomitante costumam dar melhores resultados. Um bom exemplo é a associação de atividade física a psicoterapia e medicamentos (Ver quadro "Alívio por remédios"), além de técnicas de relaxamento e de higiene do sono. Estudos recentes têm apontado a eletroacupuntura como uma terapia eficaz para reduzir a dor causada pela fibromialgia. No método, as tradicionais agulhas usadas pela medicina chinesa são ligadas a fontes de energia, que estimulam a região das picadas por meio de pequenos pulsos elétricos, gerando um efeito analgésico. Seja qual for a terapia escolhida, é muito importante que o paciente seja proativo, condição fundamental para conseguir uma boa recuperação.

Além do alívio da dor, outros fatores devem ser levados em conta na hora da prescrição de tratamento. Como vimos com Lúcia, há uma grande prevalência de casos (entre 25% e 50%) em que a pessoa sofre com distúrbios psiquiátricos e psicológicos concomitantes, com o surgimento de ansiedade, depressão, desesperança e irritabilidade. Isso faz com que o suporte psicológico ganhe grande importância no tratamento à fibromialgia. Nesse campo, tem se destacado a abordagem cognitivo-comportamental, que vem sendo bastante usada e tem apresentado bons resultados, em especial quando ministrada em combinação com técnicas de relaxamento, exercícios aeróbicos, alongamentos e educação familiar.

O trabalho junto à família é importante porque a fibromialgia é uma enfermidade de longa duração e com queixas persistentes dos pacientes, o que muitas vezes pode incomodar quem está próximo. Tanto quem é diretamente afetado pela síndrome, quanto seus familiares, devem aprender a lidar com a situação, uma vez que mesmo recebendo apoio especializado, o paciente terá seus altos e baixos. É comum que haja dias em que ele se sente ótimo e dias em que se sente péssimo. Por isso é importante alinhar as expectativas às reais possibilidades de tratamento, fator esse que, efetivamente, consegue suavizar as crises e fazer com que os períodos de normalidade sejam cada vez mais prolongados. A cura para essa enfermidade pode não existir, mas o bom controle pode e deve ocorrer precocemente.

ALÍVIO POR REMÉDIOS

Vimos a importância do atendimento multidisciplinar e do apoio psicológico ao paciente com fibromialgia. Isso não significa que remédios não sejam usados para o tratamento desses pacientes. Eles também são um recurso para restabelecer o bem-estar de quem sofre com a síndrome. Abaixo estão os principais medicamentos receitados nesses casos:

Antidepressivos: São os mais prescritos para se tratar a fibromialgia e são receitados em doses menores que as usadas para a depressão. Sua ação se dá por meio do aumento de certas substâncias químicas no cérebro, como a serotonina e a noradrenalina. Quando essas substâncias estão em níveis baixos, é comum surgirem quadros depressivos, fadiga e dor. Além de controlar o incômodo físico, os antidepressivos ajudam a restaurar o sono e a relaxar a tensão muscular. Esses medicamentos dividem-se entre tricíclicos ou duais. Os primeiros são as opções mais usadas nos casos de fibromialgia (um dos exemplos é a amitriptilina). Já os antidepressivos duais são medicamentos mais modernos e com menos efeitos colaterais (como a duloxetina e a venlafaxina), que agem na recaptura de neurotransmissores relacionados com a sensação de bem-estar, como a serotonina e a noradrenalina.

Anticonvulsivantes: Na última década, descobriu-se que alguns dos medicamentos usados para conter crises de epilepsia poderiam ser úteis no tratamento da fibromialgia, por sua capacidade de inibir os sinais excessivos emitidos pelo sistema nervoso central, característica comum às duas doenças. Alguns exemplos de anticonvulsivantes aplicados no tratamento da fibromialgia são a gabapentina e a pregabalina.

Relaxantes Musculares: Ajudam a relaxar a musculatura e a reestruturar o sono, por isso são muito receitados no tratamento de fibromialgia. Um dos fármacos mais usados desse grupo é o cloridrato de ciclobenzaprina.

Analgésicos: Servem para diminuir a dor dos pacientes. A escolha do medicamento dependerá da intensidade da dor, podendo ir desde um analgésico fraco, como o paracetamol, até medicamentos mais potentes. São usados por um curto período de tempo, durante as crises de dor.

Anti-inflamatórios: Não são muito usados, uma vez que a fibromialgia é uma síndrome dolorosa crônica que não apresenta inflamação dos tecidos.

A IMPORTÂNCIA DA ATIVIDADE FÍSICA

Dançar, nadar, caminhar ou se exercitar na piscina são alternativas muito valiosas para obter alívio à dor da fibromialgia. Isso porque são exercícios aeróbicos e de baixo impacto sobre o aparelho osteoarticular, ou seja, sobre os ossos e as articulações do corpo, condição ideal para o uso terapêutico nessa enfermidade. Em geral, caminhadas em dias alternados ao passo normal do paciente com duração entre 30 minutos e 1 hora já dão resultados. Em alguns casos, o efeito é tão bom que nem é preciso recorrer aos medicamentos. Costuma-se estabelecer três dias na semana para o exercício, como modo de facilitar a adesão do paciente ao tratamento. Um dos segredos da atividade física para aliviar as dores da fibromialgia está no aumento da quantidade de endorfinas circulando pelo corpo, analgésicos naturais produzidos por nosso organismo que são liberados durante o exercício.

O bônus de quem se dedica a alguma atividade física regularmente é uma sensação de bem-estar global e de autocontrole. Para ter esses benefícios, porém, não se pode exagerar na dose. No início, os exercícios precisam ser leves e apenas gradativamente se deve aumentar a intensidade.

DICAS

- Não ter cura não significa não ter tratamento. Busque a ajuda especializada de um médico com experiência em casos de fibromialgia;
- Atendimento psicológico é fundamental para a maior parte desses pacientes;
- As atividades físicas ajudam muito quem tem fibromialgia. A regra de ouro é começar aos poucos e ir aumentando a intensidade gradativamente.

Dor sacroilíaca e dor pós-cirurgia na coluna

6

Operado e dolorido

Era março de 1975. Na Assembleia Legislativa do Estado de São Paulo, a tropa fazia fila para receber o governador recém-eleito Paulo Egydio, então com 46 anos, e seu vice, Manoel Gonçalves Ferreira Filho. Após meses de campanha, muitas viagens e muitos palanques, chegara o tão esperado momento da cerimônia de posse. Era dia de celebração para os envolvidos na candidatura. Sorrisos e apertos de mão efusivos eram trocados entre os convidados. Tudo parecia normal, não fosse por um detalhe cuidadosamente escondido dos presentes: o novo governador do estado sofria, naquele exato momento, uma terrível crise de dor, da qual apenas os familiares e os assessores mais próximos tinham conhecimento. O inconveniente o acompanhara durante toda a campanha. Não era sempre que as dores apareciam, mas quando vinham, eram sempre insuportáveis. Calhou de, justo durante a posse, o incômodo se manifestar, fazendo da longa cerimônia um teste para os nervos de Paulo.

O primeiro desafio foi passar em revista aos militares. A cada passo que dava, o governador sentia como se uma faca fosse enfiada no corpo. Vencida a primeira parte, no fim do pátio ainda lhe esperava outra fila, essa formada por autoridades e outros políticos que o aguardavam para parabenizar pela vitória. Tinha de cumprir o protocolo e cumprimentá-los um a um. Alguns dos convidados, mais exaltados, trocavam o comedido aperto de mão por fortes abraços acompanhados por tapinhas nas costas do novo governador, cumprimento que o fazia perder o fôlego e fraquejar. Era preciso manter o foco para disfarçar as dores, que seguiam intensas e implacáveis. Nas contas de Paulo, foram pelo menos uns 15 pequenos desmaios durante a posse. Quando um deles acontecia, um de seus assessores acudia, levando-o para fora da multidão sob a justificativa de atender a uma ligação importante de Brasília. Ao fim da cerimônia, Paulo estava exausto. Mal conseguia ficar em pé, tamanho o esforço para manter a pose durante todo o evento. Não era hora de demonstrar fraqueza. O estado de São Paulo precisava de um homem forte à frente, não de alguém tomado por dores, acreditava o novo governador.

Para ele, o esforço para domar o incômodo já não era novidade. A dor era parte de sua rotina desde um tombo, ainda jovem, durante um circuito de salto à cavalo. À época, o médico disse que não havia fratura, mas que uma de suas vértebras da região lombar havia se deslocado. Sem tratamento para o problema, Paulo ficou à mercê da capacidade de recuperação de seu organismo. Passava meses bem, porém, a uma rotação mais brusca da coluna ou algum mal jeito, apareciam as dores que o deixavam completamente "travado". Como não eram constantes, Paulo passou décadas sem buscar tratamento. Encarava as crises como algo com o qual deveria se preocupar apenas quando acontecessem. Entre uma e outra, tocava sua vida de homem público sem fazer muito caso das dores e sem deixar que as crises intermitentes o impedissem de seguir sua carreira política. Antes de ser governador, havia sido ministro do Trabalho e do Desenvolvimento durante os governos dos militares Costa e Silva e Castelo Branco. Depois, trocou os cargos públicos por uma bem-sucedida carreira na área de finanças.

Com o passar do tempo, porém, as crises foram se tornando mais fortes e mais frequentes até que, há oito anos, o incômodo passou a forçar-lhe a riscar coisas da agenda. Cortou a montaria, parou de velejar e aposentou o molinete usado nas longas sessões de pesca oceânica no litoral paulista (seu hobby predileto durante anos). Sentia limitações cada vez maiores por causa das dores, que se alastravam rapidamente, comprometendo os movimentos. Já não conseguia ficar em pé por mais de dez minutos. Aos poucos, sua poltrona se transformava em palco principal de sua vida. Dali, sentado em seu escritório, comandava os negócios e tentava minimizar o incômodo físico, mas sentia o peso da incapacidade cada vez mais forte. "A vida social se dá em pé", descobriu Paulo, lembrando-se dos eventos aos quais deixou de ir, pois, sentado, interagia pouco com os convidados. "Sentia-me meio incapacitado e isso foi a pior experiência que eu já vivi", considera.

Para ele, assim como para tantos outros pacientes, incomodava ter de lidar diariamente com o caráter subjetivo da dor. Invisível aos olhos dos outros, seu incômodo muitas vezes era mal interpretado pelos que estavam à sua volta. Não raro, precisava lidar com alguém que definia seu sofrimento como uma simples "frescura". "Isso aconteceu diversas vezes e, com o passar do tempo, a expressão 'frescura' foi adquirindo para mim um tom de ofensa e de incompreensão", conta Paulo. O contraponto, diz ele, era a melhora sentida quando alguém conseguia compreender o problema. A compreensão, ele percebeu com o passar dos anos, tinha efeito analgésico.

Já a falta de compreensão, atestou, era a maneira mais fácil de tornar a dor ainda mais insuportável. Sem orientação adequada para tratar o problema e muitas vezes desacreditado, Paulo foi se tornando cada vez mais refém da poltrona. Quanto mais tempo passava parado, mais perdia flexibilidade e força, fazendo com que o quadro fosse progressivamente se agravando até se transformar em uma atrofia muscular na região lombar e nas pernas. Quando chegou a esse estado de paralisia, Paulo decidiu buscar atendimento médico. O primeiro especialista que o atendeu recomendou sessões de fisioterapia. Sem perceber nenhuma melhora, Paulo resolveu mudar de estratégia e de médico. Mal chegou ao consultório do outro especialista, foi imediatamente encaminhado para uma cirurgia de emergência. Deveria ir para a mesa de operação imediatamente, sob o risco de perder definitivamente os movimentos das pernas. "O doutor falou pra mim: Paulo você vai ficar 70% bom, mas não 100%. E assim foi". Na verdade, restaram a Paulo mais de 30% porque a cirurgia causou uma sobrecarga sobre alguns nervos. Como resultado, ele seguia sem conseguir ficar em pé e tendo dificuldades para andar. Vendo a situação desconfortável de seu paciente, o médico o orientou a buscar um tratamento específico para a dor.

Paulo concordou, mas já não alimentava muitas esperanças de que haveria solução para ele. "Quando cheguei ao consultório, a doutora disse que tinha um familiar com um caso bem parecido com o meu e que ela ia me ajudar a controlar as dores", relembra. "Mas, para falar a verdade, não acreditei muito nela", brinca. Mesmo desconfiado, ele seguiu as recomendações médicas e realizou um procedimento de bloqueio com corticoides na articulação sacroilíaca (na região do quadril). Para sua surpresa, as dores foram reduzidas em 90% após a intervenção. Não sentia mais nem o incômodo dos seis pinos colocados durante a cirurgia, que ele imaginou que fosse sentir para sempre. Foi orientado a fazer mais um bloqueio para eliminar as dores, agora na região peridural sacral, mas o segundo procedimento gerou alívio por pouco tempo. "Já havia sido alertado de que isso poderia acontecer e de que havia ainda uma segunda alternativa, outro tratamento, mais novo, mas muito caro, de radiofrequência", conta.

O procedimento é uma das novidades no controle da dor crônica. Paulo, engenheiro de formação, ainda duvidou que a radiofrequência pudesse trazer alívio para a dor. Mesmo assim, decidiu tentar e, em dezembro de 2011, passou pela primeira intervenção, realizada do lado esquerdo da coluna. Nesse procedimento, foi feita a retirada da enervação da articulação sacroilíaca. "Fiz a segunda sessão, do lado direito, na segunda semana de janeiro de 2012, e logo depois senti que melhorou completamente."

Os bons resultados obtidos pelas sessões de radiofrequência, porém, não significaram o fim dos cuidados e do tratamento para Paulo. Foram apenas um passo a mais para a sua recuperação. Seu desafio, agora, é restabelecer os movimentos afetados pela atrofia muscular causada pelos anos de imobilidade devido à dor. Para isso, ele tem feito duas aulas de ginástica e uma de Pilates todas as semanas. Os resultados, já sente no dia a dia: consegue subir as escadas de sua casa sem ajuda e pode caminhar meio quilômetro sem precisar sentar. Para quem não sofre com dores, pode parecer pouco, mas para ele, que já tinha de recorrer à cadeira de rodas em diversos momentos do dia, a conquista é imensurável e, inclusive, já permite sonhar com projetos mais ousados.

O principal, conta, foi poder voltar ao mar acompanhado dos amigos para pescar – atividade que não fazia há mais de oito anos, desde que as crises de dor agravaram e se tornaram permanentes. Um apaixonado pela pesca esportiva, Paulo se enche de orgulho para contar suas conquistas marítimas. Não se esquece de um peixe de quase trezentos quilos que pescou em Ubatuba, litoral de São Paulo. "Fiquei brigando com o peixe quase uma hora e meia para trazê-lo à bordo do barco. Imagina se eu conseguiria fazer isso com dor", brinca. Ele sabe, porém, que há ainda um longo caminho a ser percorrido para garantir sua reabilitação. O que não o desanima. Aos 83 anos, já planeja esticar ainda mais as caminhadas e, daqui a alguns meses, ensaiar uma corrida. Se tudo der certo, garante, em breve estará de volta ao mar - ele, o molinete e os amigos.

Entenda o caso de Paulo Egydio

O que são as dores das articulações sacroilíacas?

A história de Paulo com a dor se inicia com um incômodo na região das articulações sacroilíacas e termina com o surgimento de uma dor pós-cirúrgica. Apesar de compartilhar a coluna como foco de origem, os incômodos são distintos, tanto em sua manifestação quanto em suas causas. Comecemos pela articulação sacroilíaca, localizada na região da cintura pélvica. Ao contrário de outras articulações do corpo, ela é capaz de bem pouco movimento, mas tem uma função fundamental em nossa sustentação.

É ela a responsável por fazer a junção entre a parte inferior da coluna (o sacro) e a pelve (Ver imagem), e por isso possui um papel determinante na transferência do peso do tronco para as pernas e vice-versa. Sua ação se dá da seguinte maneira: quando estamos parados em pé ou sentados, o peso do nosso tronco, braços e cabeça é depositado em cima da cintura pélvica, que

Articulação sacroilíaca

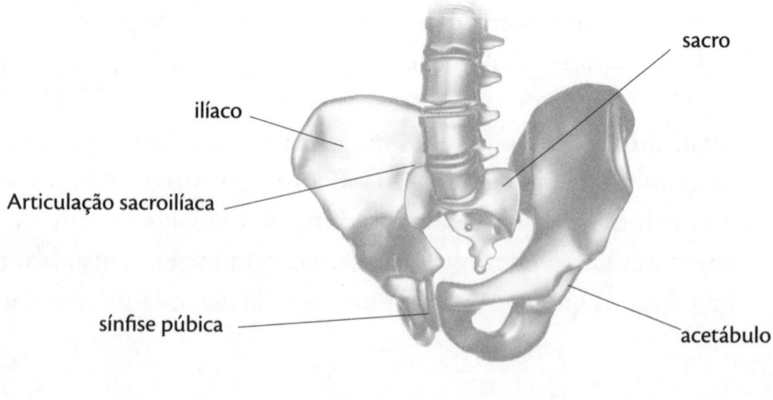

retransmite parte do peso para os membros inferiores. Já quando estamos em movimento, como por exemplo, correndo, descendo escadas ou pulando, ocorre uma transferência no sentido contrário, ou seja, dos membros para a coluna.

Calcula-se que entre 5 e 10% das dores lombares crônicas tenham sua origem na articulação sacroilíaca. As razões para o surgimento do incômodo são as mais diversas: podem aparecer após alguma lesão traumática, como foi o caso de Paulo, mas também podem ser fruto de artrite degenerativa, de gravidez ou de infecções. Os sintomas descritos pelos pacientes, usualmente, são dor e rigidez na região lombar, nas coxas ou nas nádegas, que pode irradiar pela perna e pela virilha e, em alguns casos mais raros, causar perda de sensibilidade ou sensação súbita de frio.

Essas alterações, porém, não podem ser detectadas pelos exames radiológicos, o que muitas vezes dificulta o diagnóstico. Sem provas de imagem e com escassez de sinais clínicos indicativos da doença, a maneira mais confiável para diagnosticar a dor de origem sacroilíaca é a injeção intra-articular com anestésico local. Caso seja dor sacroilíaca, a infiltração será capaz de gerar alívio ao paciente. O mesmo método pode ser usado para o tratamento, com a aplicação de corticoides. Além dessa opção, a radiofrequência usada por Paulo tem se mostrado como uma nova alternativa, oferecendo resultados mais duradouros do que aqueles obtidos pela injeção intra-articular. Mais adiante, falaremos mais sobre como ela funciona.

O que é a dor da cirurgia de coluna falida?

Geralmente, operações na coluna são motivadas por quadros de dor. Infelizmente, a intervenção cirúrgica nem sempre garante alívio ao paciente e o resultado pode ser o surgimento de novas dores pós-operatórias, também conhecidas como síndrome da dor após cirurgia de coluna falida. As razões para o insucesso são variadas e analisaremos aqui algumas delas. O motivo mais comum é a escolha inadequada do procedimento cirúrgico. Isso acontece nos casos em que há uma lesão aparente que pode ser correlacionada com as queixas do paciente, mas que não é a origem do problema. Por exemplo, o paciente tem uma hérnia de disco que pode ser detectada facilmente por exames e que seria uma explicação possível para os sintomas que apresenta. Todavia, apesar da hérnia, a origem do incômodo não está aí, mas sim em uma disfunção da articulação sacroilíaca ou em uma síndrome miofascial do músculo piriforme, por exemplo.

Além de inadequações na seleção do paciente durante o processo pré-operatório, falhas técnicas durante a cirurgia também podem causar a compressão da raiz do nervo e, como consequência, dor pós-cirúrgica prolongada. Outra possibilidade é a chamada fibrose epidural, nome dado à formação de tecidos de cicatrização no entorno do nervo. Nem sempre, porém, a ocorrência de fibrose estará associada ao surgimento de dores. Ela é um processo comum e que algumas vezes pode ser visto em pacientes que obtiveram êxito com a cirurgia. O incômodo ocorre apenas naqueles casos em que o tecido formado interfere nas raízes dos nervos lombares.

Quando a dor é resultante da fibrose epidural, os sintomas costumam aparecer de seis a 12 semanas após a cirurgia. Normalmente, o paciente primeiro relata um período de alívio do incômodo, posteriormente substituído pelo surgimento de dor nas pernas ou nas costas. Em alguns casos, o organismo reage naturalmente e consegue se recuperar, o que ocorre em um período de até três meses após a intervenção cirúrgica. Entretanto, é preciso atenção para não confundir a fibrose epidural com outra situação, mais rara, porém mais grave: a herniação discal após cirurgia da coluna. Nesse caso, as dores retornarão de forma aguda após o período de alívio, e não gradualmente, como ocorre na fibrose epidural.

Há ainda situações em que as dores retornam anos após a cirurgia. Nesses casos, a causa também não costuma ser a fibrose epidural, pois esses tecidos não continuam crescendo durante muito tempo após a operação. O mais provável é que o incômodo tardio seja resultado de hérnias de disco, de estenose espinhal (que é o estreitamento do canal espinhal causando a compressão dos nervos) ou mesmo provocado por outros processos degenerativos da coluna.

Uma das formas de prevenir o surgimento de dores pós-cirúrgicas causadas pelo crescimento de tecidos de cicatrização, é por meio da realização, sob a orientação de um fisioterapeuta, de exercícios de fortalecimento e de alongamento durante o período pós-operatório. Estudos indicam que quando o corpo é mantido em movimento durante a cicatrização, torna mais difícil a formação de tecidos que possam interferir na inervação.

Como tratar a dor na articulação sacroilíaca

O caso de Paulo ilustra bem as maneiras de tratar a dor na articulação sacroilíaca. O primeiro método aplicado no ex-governador foi o bloqueio dessa articulação. Essa é uma das maneiras mais acuradas para diagnosticar e tratar a doença. Nesse procedimento, que pode ser diagnóstico ou terapêutico, injeta-se na articulação um anestésico local, acompanhado ou não de corticoides. O local da injeção é guiado por meio de fluoroscopia ou de ultrassom. Se a dor sumir após a aplicação, então, em conjunto com o exame físico, o médico terá mais evidências de que a dor está se originando naquela região.

Já o bloqueio peridural sacral, aplicado em Paulo em um segundo procedimento, consiste na injeção de anestésico, com ou sem adição de anti-inflamatório, no espaço peridural. A aplicação é feita através do forame sacral, cavidade localizada no final da coluna, próxima ao cóccix.

Como esse método não foi capaz de controlar de forma duradoura o incômodo sentido pelo ex-governador, a equipe médica partiu para uma outra alternativa, usando a radiofrequência.

Nessa forma de terapia, uma corrente elétrica alternada de alta frequência é aplicada através de um eletrodo instalado por dentro de uma agulha. O alvo pode ser um nervo ou um gânglio identificado, por meio de exames, como o ponto originário da dor. A corrente é produzida por um gerador e circula entre o eletrodo e uma placa dispersiva aderida à pele do paciente, gerando calor ou campo eletromagnético sobre o alvo. Isso provoca a interrupção no "trânsito" dos sinais da dor.

O método foi testado pela primeira vez em um caso de dor espinhal no ano de 1975. No entanto, tendo em vista a falta de material apropriado para a sua realização, acabou não se popularizando. Somente a partir de 1980, com o surgimento de novas agulhas, é que a radiofrequência começou a ganhar espaço entre as terapias intervencionistas para o controle da dor.

Entenda a radiofrequência no tratamento da dor

O procedimento no qual se aplicou a radiofrequência no caso de Paulo é chamado de denervação da articulação. Na verdade, são várias as técnicas de radiofrequência disponíveis para realizar esse tipo de tratamento, e o custo e a habilidade do médico devem ser levados em conta na hora de se escolher qual a melhor alternativa. As denervações têm por objetivo gerar uma lesão térmica nos ramos nervosos que suprem a articulação, causando uma degeneração destes e a consequente interrupção da via de condução da dor. As principais formas de radiofrequência são:

Radiofrequência convencional: A onda é emitida de forma contínua e a passagem da corrente pelos tecidos gera calor. Essa alta temperatura provoca uma lesão térmica no tecido-alvo, interrompendo a comunicação do sinal doloroso.

Radiofrequência resfriada: É realizada através de agulhas específicas que possuem um sistema de resfriamento da ponta. Isso possibilita a realização de lesões esféricas de maior diâmetro.

Radiofrequência pulsátil ou pulsada: As ondas são pulsadas em ciclos, intervalados por uma pausa durante a qual o tecido esfria. Isso mantém a temperatura baixa e o alívio da dor ocorre apenas pela modulação das sinapses nervosas realizada pelo campo eletromagnético gerado sobre o tecido-alvo, sem que haja a destruição do nervo. Essa característica permite seu uso em regiões nas quais antes não era possível usar a radiofrequência, como nos nervos periféricos e também no gânglio da raiz dorsal. Não causa denervação e sim modulação do sistema nervoso.

DICAS

- Infelizmente, nem sempre a cirurgia na coluna será capaz de gerar alívio da dor. Caso isso aconteça, é preciso atenção para a duração do incômodo: se ele não desaparecer após algumas semanas, procure um médico. Operar novamente só piora o quadro de dor na grande maioria das vezes!
- Em algumas situações, as dores podem surgir anos depois da realização da cirurgia na coluna, causadas por hérnias de disco ou estenose espinhal;
- A inexistência de provas de imagem e a escassez de sinais clínicos indicativos da dor sacroilíaca não significam falta de diagnóstico. É possível descobrir a dor sacroilíaca por meio da infiltração de anestésicos;
- A radiofrequência evoluiu bastante nas últimas décadas e é hoje usada com sucesso para o tratamento da dor sacroilíaca e de outras dores provenientes da coluna.

Dor neuropática

7

Dor que persegue

Pode parecer uma ambição pequena para o futuro, mas por trás da simplicidade há muito de superação no plano da professora Elza. O que ela quer? Voltar a dar aulas de educação artística na escola da rua Itapura, em São Paulo. Parece um anseio fácil de realizar para a maior parte das pessoas, que julgam o caso gozando de muita saúde, mas, para Elza, o projeto seria impraticável um ano atrás. Desde 2006, a professora está afastada de seu emprego, às voltas com problemas e mais problemas de saúde. O turbilhão, que começou com um tombo em sala de aula, testou ou nervos de Elza e interrompeu todas as suas rotinas, fazendo-a encarar a debilidade trazida pela doença. Primeiro aconteceu a queda, que valeu, além do susto, uma grave fratura no joelho, a necessidade de usar bengala e a indicação para o implante de uma prótese na patela (a rótula). Enquanto esperava pela liberação e pela marcação da cirurgia, veio o segundo choque: foi encontrado um tumor em sua mama direita. A prótese tinha de ficar para depois, a prioridade agora era tratar o câncer.

A descoberta foi feita à época do aniversário da professora, em março de 2006. Sempre que completava mais um ano de vida, Elza aproveitava para fazer seu check-up anual. Até então, nunca havia aparecido nada de grave mas, naquele ano, durante os exames de rotina, veio a desagradável surpresa: havia um crescimento celular anormal em seu seio. Nas análises complementares foi confirmado o alto risco de metástase e indicado o tratamento imediato. Quando ouviu a notícia, Elza, como é normal entre quem vivencia uma situação como esta, resolveu consultar mais de um médico para saber quais seriam suas opções. Anotou oito nomes de oncologistas de confiança, todos indicações de conhecidos e amigos, e visitou um por um. De sete ouviu a mesma recomendação: deveria fazer uma mastectomia radical para a retirada do tumor com a reconstrução imediata do seio.

Diante da quase unanimidade, Elza resolveu encarar a cirurgia, conforme o indicado, e, no dia 24 de agosto do mesmo ano, retirou o tumor e todo o tecido mamário e, em seu lugar, foi colocada uma prótese de silicone. A reconstrução foi bem re-a-lizada e deveria ser sucedida pelas sessões de quimioterapia e radioterapia. Antes do início do tratamento oncológico, porém, veio o terceiro imprevisto. A professora estava no quarto do hospital, recuperando-se da operação, quando percebeu algo estranho. À medida que passava o efeito da anestesia e recobrava a sensibilidade, fortes dores iam tomando conta do peito. "Como se estivessem enfiando uma espada por entre as costelas", era como definia o incômodo insuportável que começava na região das costas e se espalhava por debaixo do braço e do seio direito.

Apavorada com o novo sintoma, pediu para conversar com o cirurgião que havia realizado a operação. Dele, ouviu que era apenas uma reação natural de seu organismo à intervenção médica. Eles haviam puxado alguns feixes de músculo para formar uma espécie de abrigo para a prótese e, com o tempo, garantiu o doutor, o incômodo desapareceria. Mais tranquila, Elza voltou para a casa após receber alta, mas deu-se conta de que a dor não ia parar sozinha. Pelo contrário: dia após dia, o sofrimento aumentava, paralisando seus sentidos. "Era tão intenso e terrível que chegava uma hora em que a própria dor me anestesiava", recorda. Diante do incômodo que não dava sinais de arrefecer, Elza decidiu voltar ao cirurgião. Do médico, impassível, ouviu a negação de que a dor pudesse ser resultado de algum procedimento incorreto durante a cirurgia.

Ela ainda tentou conversar com o especialista algumas outras vezes – semanas haviam se passado e as dores continuavam –, mas ele sempre repetia que não havia nenhuma razão aparente para ela estar sentindo dores tão fortes quanto as que relatava.

Vendo que o diálogo com o médico seria infrutífero, já que para ele a dor da paciente não era real, Elza resolveu procurar outro especialista. Terminou optando por um neurologista. No dia marcado para a consulta, saiu de casa carregando a pastinha com todos os exames que havia realizado antes e depois da mastectomia. Repetiu mais uma vez toda a história, narrando quando a dor havia começado, o que sentia e como o problema, em vez de melhorar com o tempo, tinha agravado. Desde o dia em que havia saído do centro cirúrgico e voltado para a casa, queimação, choques e pontadas começaram a fazer parte da sua vida. Após contar tudo, ouviu do especialista um alento: ele não seria o especialista certo para fechar o diagnóstico e indicar um tratamento, mas, pelos exames e pelo relato da professora, acreditava que havia ocorrido o pinçamento de algumas terminações nervosas durante a operação e, com isso, começado a emissão ininterrupta de sinais dolorosos, a chamada dor neuropática pós-cirúrgica.

Aventando essa possibilidade, Elza buscou então um centro para o tratamento da dor. A essa altura, seu quadro já era bem grave. Ela não conseguia mais dirigir, nem cozinhar, nem cuidar das tarefas de casa. Havia também abandonado o piano, objeto de sua formação universitária e seu hobby predileto desde jovem. Tudo que envolvia a movimentação dos braços estava comprometido, até mesmo as coisas mais simples, como pegar um copo de água sobre a mesa. Se tentava fazê-lo, logo sentia pesar o braço e pioravam as dores nas costas e nos seios. Sozinha e sem filhos, foi obrigada a contratar uma cuidadora para ajudar nas tarefas cotidianas. "Ela me acompanhava em tudo, do banco ao supermercado", conta.

No centro especializado em dor, Elza fez novos exames e confirmou que realmente alguns feixes de nervos haviam sido afetados durante a mastectomia. Com o diagnóstico correto, começou o tratamento. Primeiro vieram os medicamentos para aliviar o incômodo, uma combinação entre anticonvulsivantes e analgésicos. Com eles, a professora conseguiu algum alívio, mas as pontadas continuavam, menos intensas, porém ainda presentes. Foi então recomendada a realização de um bloqueio para a dor. Foi esse procedimento que deu o alívio que ela tanto buscava. Ainda no hospital já podia perceber a diferença: "Tive uma melhora bem grande, de quase 80% do que estava sentindo", diz a professora. Apesar de tão boa recuperação, Elza seguiu ainda em tratamento, com a recomendação de realizar algumas atividades físicas específicas. Um fisioterapeuta sempre a acompanhava, ajudando a manter os movimentos ameaçados pela dor. A redução dos movimentos causada pelo agravamento do incômodo ameaçava suas articulações e era preciso agir para evitar sequelas.

Durante todo esse tempo, a busca por maneiras de aliviar as dores dividia a rotina médica de Elza com as sessões de quimioterapia e radioterapia. O turbilhão de contratempos quase levou a professora à loucura. "Tive crises de choro, às vezes de desânimo. Nesses momentos eu começava a rezar, rezar e rezar", conta. O que mais a incomodava não era o câncer ou os tratamentos exigidos pela doença, mas sim a dor (e as limitações por ela impostas), especialmente porque, durante meses, viveu com esse sofrimento sem ter um diagnóstico e sem contar com recursos que lhe ajudassem a controlar o incômodo.

Por isso, quando iniciou o tratamento e foi vendo-se livre das dores, a professora pôde, aos poucos, ir reconquistando sua rotina. Dispensou a cuidadora, voltou a dirigir seu carro e retomou as atividades domésticas. Passou a cuidar sozinha da casa e perdeu o medo de caminhar desacompanhada pela cidade. "Antes sempre precisava ter alguém comigo para carregar a minha bolsa, porque nem disso eu dava conta", recorda. O piano, companheiro desde a juventude, ainda está em um canto da casa, mas ela acredita que, em breve, poderá voltar a dedilhar as teclas brancas e negras das quais tanto gosta. Cada um desses passos é uma grande conquista para Elza, que aprendeu que a dor vai bem além das limitações físicas. "Ela é também algo extremamente estressante", constata.

Com as dores sob controle e o fim do tratamento oncológico, a professora conseguiu, finalmente, cuidar do primeiro da série de problemas de saúde que tirou sua paz nos últimos anos. Realizou, em 2011, a cirurgia para a colocação da prótese no joelho - aquele mesmo procedimento que deveria ter sido feito em 2006, mas que foi sendo adiado pelos imprevistos que surgiram no caminho. Feita a cirurgia, obteve mais uma conquista: largar a bengala, que a acompanhava desde o acidente em sala de aula. Agora se prepara para, em breve, realizar o mesmo procedimento no outro joelho. Aí sim, ela prevê, estará pronta para finalmente voltar à escola e ao piano, sem medos e sem dor.

Entenda o caso de Elza

O QUE É A DOR NEUROPÁTICA?

De repente, um procedimento cirúrgico torna-se o início de um pesadelo, cujo protagonista é a dor. Assim como Elza, muita gente sofre com esse mesmo problema, a dor neuropática. Algumas pessoas, assim como ela, veem a condição surgir após uma operação - essa, porém, não é a única causa possível para o incômodo. A dor neuropática é um tipo de sensação dolorosa que ocorre em uma ou mais partes do corpo, associada a lesões ou doenças que afetam o sistema nervoso, ou seja, os nervos periféricos, a medula espinhal ou o cérebro. De difícil diagnóstico e tratamento, sua origem está em alguma parte das vias nociceptivas, o caminho responsável por transportar a informação de dor para estruturas mais profundas, como a medula ou o córtex cerebral. Seus sintomas são variados e podem ser sentidos na forma de sensação de queimação, peso, agulhadas, ferroadas ou choques. Em alguns casos, vem acompanhada pelas chamadas parestesias, que são aquelas sensações como o adormecimento de determinada parte do corpo e o formigamento.

Há duas formas principais de manifestação da dor neuropática: as mononeuropatias e as polineuropatias. No primeiro caso, somente um trajeto nervoso está comprometido pela doença, o que faz com que a dor seja bem localizada, presente apenas de um lado do corpo ou de uma região - por exemplo, um lado da perna, do tórax ou da face. Às vezes, mais de um nervo pode fazer parte do trajeto nervoso afetado, provocando dores em mais de um segmento do corpo. A esses casos, dá-se o nome de mononeuropatia múltipla. É diferente das polineuropatias, nas quais são vários os nervos alterados ou danificados, gerando sensação de dor de forma mais difusa. Nos casos de polineuropatia, o paciente pode sentir incômodo no tronco, nos braços e nas pernas ao mesmo tempo.

Independentemente de ser mononeuropatia ou polineuropatia, as dores podem ser contínuas (estar presente durante todo o tempo) ou intermitentes (ocorrer em crises, surgindo em horários intercalados). A intensidade varia de fraca a intolerável, dependendo do estágio da doença e do grau de comprometimento dos nervos.

As causas para esse tipo de dor são variadas. Neste capítulo, vimos a história de Elza, que começou a sentir as dores após uma cirurgia. Entretanto, há outros fatores desencadeantes para o problema, como:

Doenças infecciosas: Determinadas bactérias ou vírus podem afetar os nervos, seja pela liberação de toxinas ou pela degeneração direta causada pela ação do microorganismo. Isso pode provocar dores agudas ou persistentes após o fim da infecção. Um exemplo é a neuralgia pós-herpética causada pelo vírus varicela-zoster, vulgarmente conhecido como “cobreiro”.

Diabetes mellitus: Em sua fase degenerativa, essa doença pode causar lesões na capa que reveste os nervos (chamada de “bainha de mielina”), provocando a neuropatia diabética.

Alcoolismo, deficiência nutritiva e de certas vitaminas: Todos esses fatores podem afetar a função nervosa de forma significativa, desencadeando quadros de dor.

Traumas e acidentes: Fraturas ou cirurgias podem afetar a coluna, qualquer nervo periférico ou até a medula, gerando dores agudas de grande intensidade no período de convalescença, no pós-operatório ou após o traumatismo. É preciso atenção pois, caso não sejam tratadas adequadamente, essas dores podem se tornar crônicas com o passar do tempo.

Também podem causar dores neuropáticas:

- Neuralgia do Trigêmeo;
- Radiculopatia pós-laminectomia (por cicatriz após cirurgia de hérnia de disco);
- Plexalgia ou plexite após radioterapia;
- Tumores comprimindo nervos;
- Dor central (após derrames cerebrais em áreas específicas);
- Síndrome de dor complexa regional tipo 2.

O QUE É A DOR NEUROPÁTICA PÓS-CIRÚRGICA?

O caso de Elza ilustra bem como uma operação pode acabar em dor. Várias situações que podem acontecer durante uma cirurgia têm potencial para desencadear a dor neuropática pós-cirúrgica. Pode haver trauma em alguns feixes nervosos, causado pelas incisões ou pelo uso de afastadores, pode ocorrer a formação de cicatrizes (fibrose) ao redor de nervos ou mesmo o simples fato de mexer e encostar em alguma estrutura nervosa pode causar uma disfunção da mesma. Nesses casos, o paciente costuma sentir as primeiras dores durante o período de recuperação, alguns dias após a cirurgia. Geralmente são dores agudas de grande intensidade e que podem se tornar crônicas caso o paciente não encontre o tratamento adequado. Considera-se dor neuropática pós-cirúrgica quando o incômodo permanece por mais de três meses após a realização do procedimento médico.

Essas alterações são mais comuns quando a cirurgia é aberta, tem duração superior a três horas, envolve risco de lesão para os nervos ou é seguida por outras operações, por quimioterapia ou por radioterapia. Tudo isso faz com que as maiores chances para o desenvolvimento de dor neuropática ocorram após a realização de determinadas cirurgias, como as toracotomias (procedimento em que se abrem as paredes torácicas), as mastectomias (cirurgia de remoção da mama, como a realizada por Elza) e as amputações de membros. Vale lembrar, porém, que até cirurgias pequenas como as de hérnia inguinal, as biópsias, os procedimentos odontológicos e as cesárias podem originar dores crônicas. O número de pessoas afetadas por esse tipo de dor é alto. Calcula-se que cirurgias e traumas sejam responsáveis pelo desenvolvimento da dor crônica em cerca de 20% dos pacientes atendidos em clínicas de dor. Em países onde há estatísticas altamente confiáveis, como os Estados Unidos, registra-se o surgimento de dor neuropática pós-cirúrgica entre 1,8% e 6,7% do total de operações realizadas. Daí a grande importância de estar alerta para as alterações surgidas após qualquer tipo de procedimento invasivo.

DOR AGUDA *VS* DOR CRÔNICA E A IMPORTÂNCIA DA PREVENÇÃO DURANTE CIRURGIAS

A dor pós-operatória é uma condição inerente à cirurgia, especialmente em procedimentos mais invasivos e de longa duração. Após uma intervenção desse tipo, não raro o paciente desenvolve quadros de dor aguda. Por isso, tratá-lo rapidamente é o melhor remédio para evitar que o problema se torne crônico. Há um amplo espectro de medicamentos que podem ser usados de maneira combinada, na chamada analgesia multimodal. Nessa técnica, um conjunto de fármacos cuja ação se dá em locais diferentes é aplicado ao mesmo tempo, reduzindo doses de cada medicamento e, dessa maneira, causando menos efeitos colaterais. Infelizmente, nem sempre o paciente tem a oportunidade de receber esse tratamento, ficando exposto à dor aguda de forte intensidade e ao desenvolvimento de um quadro de dor crônica. Para compreender melhor a importância da prevenção e evitar o desenvolvimento de dor pós-cirúrgica é importante, primeiro, compreender a diferença entre as duas formas para a classificação da dor em relação à sua evolução:

Dor aguda: Manifesta-se durante um período de tempo relativamente curto, de minutos a algumas semanas, podendo causar taquicardia e hipertensão. Está associada a lesões em tecidos ou órgãos, ocasionadas por inflamação, infecção, traumatismo ou outras causas. Esse tipo de dor é um importante alerta ao indivíduo de que algo está errado no organismo. Entretanto, isso não significa que não deva ser minimizada quando ocorrer.

Dor crônica: Surge em casos nos quais o estímulo de dor persiste ao longo do tempo, gerando um processo de doença crônica. Nessas situações, a dor é contínua ou recorrente, gerando efeitos não apenas sobre a parte física, mas também sobre a parte emocional. Enquanto a dor aguda pode ser definida como um sintoma, a dor crônica é sempre uma doença e sempre prejudicial.

Dessa maneira, o surgimento de dor aguda após uma intervenção cirúrgica pode ser considerado natural. Todavia, não é por ser inerente ao pós-operatório que esse incômodo deve ser subtratado ou mesmo ignorado pela equipe médica. Controlar a intensidade da dor é importante, pois não é possível modificar os fatores genéticos que predispõem o paciente à dor crônica, porém é completamente viável manejar os fatores de risco oriundos dos procedimentos cirúrgicos e de cicatrização. Para isso, é necessário avaliar periodicamente a intensidade da dor pós-cirúrgica, prescrevendo medicamentos e outros tratamentos tanto antes quanto depois da operação.

Um método que vem sendo discutido nos últimos anos é a analgesia preventiva, defendida por alguns autores como uma alternativa para prevenir a sensibilização central e o desenvolvimento de dor crônica pós-cirúrgica. Outra importante aliada para a redução do problema é a analgesia multimodal, que deve ser ministrada tão logo termine o procedimento cirúrgico.

A equipe médica deve ter em mente que os analgésicos precisam ser usados regularmente, e não apenas sob demanda. Dessa maneira será possível reduzir o sofrimento do doente, a sensibilização das vias nociceptivas e as possíveis complicações oriundas da cirurgia. O esquema de horário fixo é o ideal, com a administração de alguns fármacos com hora certa e a inclusão de outros caso o paciente relate dor. Somente à medida que a dor estiver controlada deve-se adotar o regime de administração dos medicamentos apenas quando necessário, sem horário predeterminado. A estimulação física, como caminhar precocemente, também é uma importante aliada no controle da dor na fase pós-operatória. A estimulação elétrica transcutânea (TENS), a massoterapia, a acupuntura, a eletroacupuntura e a termoterapia também têm demonstrado bons resultados e poucos efeitos adversos, podendo ser indicadas em alguns casos.

Como diagnosticar a dor neuropática

Para chegar ao diagnóstico, é preciso excluir outras possíveis causas para a dor. Existem alguns fatores preditivos para a dor neuropática pós-cirúrgica que podem ajudar o médico a identificá-la. Um primeiro passo é investigar se o paciente já sentia algum incômodo na região afetada antes mesmo da operação. Existem, ainda, algumas doenças que guardam relação com o aparecimento da dor neuropática pós-cirúrgica, como a síndrome do cólon irritável, a migrânea, a fibromialgia ou a doença de Raynaud (condição na qual há uma resposta exagerada do organismo à temperatura fria, com o estreitamento dos vasos causando a redução do fluxo sanguíneo, em especial nas extremidades do corpo).

A localização da dor neuropática se dá na região dos nervos afetados, podendo haver radiação para áreas remotas não relacionadas ao seu ponto de origem. As queixas mais frequentes são de sensação intensa de queimação ou de dores, descritas como facadas, choques ou pontadas. Outros sintomas comuns são a hipersensibilização da área, a perda de força muscular e a sensação de dormência, de paralisia ou de formigamento. Também podem ser observadas alterações no sistema simpático, causando sudorese excessiva, mudanças na cor da pele (que se torna azulada ou avermelhada) e alterações súbitas de temperatura (tanto com o resfriamento da região, quanto com o aquecimento). Outra característica é o surgimento de alodinia, que ocorre quando um pequeno estímulo que normalmente não gera nenhum incômodo, passa a causar dor. Por exemplo, o simples toque da roupa ou do lençol, ou mesmo o vento e a água do chuveiro podem provocar incômodo ao entrar em contato com a área afetada pela neuropatia.

Grande parte dessas alterações pode ser observada durante o exame físico, um aliado importante no diagnóstico da dor neuropática. A avaliação das respostas sensoriais do paciente pode ser feita por meio do toque ou de estimulações térmicas, dolorosas ou vibratórias. Essas informações são organizadas por meio de questionários específicos para avaliar as dores neuropáticas. Em alguns casos, podem ser necessários exames complementares, como a eletroneuromiografia, testes laboratoriais ou biópsias. Não podemos esquecer do uso dos bloqueios, que, assim como em outros casos de dor crônica, podem ser úteis tanto para o diagnóstico quanto para o tratamento. Esse procedimento consiste em anestesiar um feixe de nervos para testar se aquela é a região afetada. No caso de Elza, foi realizado um bloqueio intercostal e ela sentiu 80% de melhora durante o procedimento, indicativo de que aquela era a região onde se originava a dor.

Como tratar a dor neuropática

Diferentes tratamentos são feitos de acordo com a causa da dor neuropática e o estágio em que ela se encontra. Em algumas situações, o objetivo será tratar diretamente o nervo afetado. Em outras, controlar a doença que está provocando a lesão nervosa. A finalidade do tratamento é curar a doença e, quando não for possível, dar alívio ao paciente. Vale lembrar que o controle adequado da dor ajuda em vários aspectos. Ele melhora a capacidade do paciente de realizar as atividades diárias, proporciona um sono mais tranquilo e reparador, aumenta sua capacidade para o trabalho, estimula a buscar atividades prazerosas e melhora sua autoestima, representando mais qualidade de vida mesmo quando não é possível a cura total da enfermidade.

Os pilares do tratamento são os medicamentos combinados a tratamentos não farmacológicos e, em alguns casos, a realização de procedimentos minimamente invasivos ou cirúrgicos sobre o nervo, sobre a medula espinhal ou em nível cerebral (como bloqueios, implantes de eletrodos ou estimuladores que funcionam de maneira semelhante aos marca-passos do coração). A presença de uma equipe multidisciplinar, composta por psicóloga, fisioterapeuta, terapeuta ocupacional e educadores físicos, permite definir um programa de atividades para ajudar na dessensibilização da área afetada, como mostrou o caso de Elza, evitando sequelas e acelerando o efeito do tratamento. Sobre a parte farmacológica, há vários remédios indicados, resumidos na lista abaixo:

Anticonvulsivantes: Usados tradicionalmente para tratar epilepsia (como a gabapentina, carbamazepina e pregabalina), ajudam a reduzir a atividade elétrica dos nervos, além de inibir a passagem das dores por determinadas vias nervosas.

Anestésicos: Também diminuem a atividade elétrica dos nervos. Uma das substâncias usadas é a ropivacaína.

Antidepressivos: Estimulam certas partes do sistema nervoso provocando a inibição da transmissão dos impulsos dolorosos, além de atuar na depressão que geralmente acompanha a dor na fase crônica. Exemplos de fármacos nessa categoria são a amitriptilina e a duloxetina.

Cetamina: É um medicamento que age sobre o sistema nervoso central, antagonizando a memória da dor e apresentando bons resultados no tratamento das dores neuropáticas.

Uso tópico: Cremes contendo capsaicina, uma substância encontrada na pimenta, aliviam a dor ao interferir sobre os sinais das células nervosas. Adesivos de lidocaína também são úteis em dores bem localizadas, liberando anestésico sobre a área dolorida.

Efeitos colaterais

O resultado do tratamento com anticonvulsivantes e antidepressivos costuma aparecer apenas após duas ou três semanas e depois de ajustes progressivos das dosagens. Administrados por via oral, no início é comum que provoquem sonolência, tonturas, sensação de cabeça vazia e de boca seca. Esses efeitos colaterais são geralmente mais acentuados no começo e tendem a reduzir com a continuidade da terapia, depois de cinco ou sete dias. A persistência é muito importante para obter bons resultados. Não desista!

DICAS

- Esteja atento ao aparecimento de dores agudas logo após procedimentos cirúrgicos, elas podem e devem ser aliviadas precocemente;
- O melhor tratamento para a dor neuropática pós-cirúrgica é evitar que ela se instaure;
- Queimação, pontadas, alterações na cor e na temperatura da pele na região afetada são indícios desse tipo de dor;
- Quanto mais informações você tiver em relação ao seu problema, maiores são as chances de um bom resultado. Por isso, participe ativamente do tratamento;
- Tome as medicações nos horários recomendados pelos médicos, sem alterar as dosagens ou parar de usá-las logo nos primeiros dias. Dê um tempo para que os medicamentos possam atuar em seu organismo antes de desistir.

Dor no câncer

8

Canto para aliviar a dor

Foi uma dor no pulso esquerdo, nos idos de 2003, que fez o paraense João Paulo procurar o médico. Quando tomou a decisão, pensou que não seria nada sério: Precisaria cuidado para não forçar a região, talvez alguns dias de anti-inflamatório e, em pouco tempo, estaria novo em folha e poderia voltar à sua rotina de sempre, de aulas na faculdade de Psicologia e ensaios de violão. Afinal, era só um incômodo, não devia ser nada sério. O que João Paulo não podia imaginar era que o aparente pequeno problema escondia uma doença bem mais grave e duradoura. A surpresa veio depois de ser examinado. O médico o chamou e começou a explicar que o que sentia, na verdade, eram os sintomas de uma doença rara que começava a se desenvolver em seu organismo: o tumor ósseo de células gigantes. A dor era causada pelo crescimento anormal de seu tecido ósseo provocado pela enfermidade. Suas células estavam se multiplicando sem controle e já formavam um "carocinho" no pulso, que logo aumentou de tamanho e virou uma bola com oito centímetros de diâmetro. A pressão do crescimento dos ossos ia pressionando os outros tecidos em volta: tendões e cartilagens, que antes dividiam espaço de forma harmoniosa com os ossos, iam perdendo espaço. O resultado dessa repentina compressão era a dor, que crescia à medida em que aumentava o tamanho do "carocinho".

Com câncer e com dores, João Paulo se viu diante da necessidade de, mais do que nunca, ser forte. Universidade e violão foram progressivamente sendo substituídos por uma rotina hospitalar. Além dos hábitos, o endereço também teve de ser alterado e ele saiu do Pará para buscar tratamento em São Paulo. Desde o diagnóstico, em 2003, até 2006, foram oito cirurgias e mais incontáveis remédios. Sentia os tumores e as dores se multiplicarem, enquanto as terapias sugeridas falhavam em oferecer alívio. Diante da dificuldade de parar a progressão da doença, a equipe médica decidiu tomar uma decisão radical: amputar o braço esquerdo de João Paulo como forma de reduzir as dores.

É difícil para qualquer um receber a notícia de uma amputação e, com João Paulo, não foi diferente. Quando escutou da equipe médica a sugestão, desesperou-se. Acostumado a apresentar-se em shows de voz e violão, sua primeira reação à ideia foi se perguntar como iria poder tocar sem um braço. Pior ainda, pensou, o que os outros iriam pensar dele se aparecesse sem um membro? As perguntas iam brotando em sua cabeça em um fluxo confuso, quando então o médico ponderou: ele deveria decidir entre sua aparência ou sua vida. Duras, porém certeiras, essas palavras ajudaram a recuperar o raciocínio. "Quando pensei sobre isso, eu optei pela minha vida", lembra o rapaz.

Convencido, João Paulo enfrentou de cabeça erguida o retorno à sala de cirurgia. Em fevereiro de 2006, foi amputado. "Mesmo antes da amputação, meu braço já estava muito mutilado e minha vida também", conta o rapaz. "Tive de abandonar os estudos, parar de viajar, tudo para cuidar da saúde." Os primeiros resultados depois da cirurgia foram bons. Após três anos de dor, ele finalmente conseguiu sentir o tão desejado alívio. Infelizmente, a prazerosa sensação não durou muito tempo e, com o passar dos meses, o câncer voltou a se desenvolver. Agora, com o crescimento de tumores em outra parte, ainda mais delicada: as proximidades da vértebra torácica 12. O efeito do crescimento anormal de tecido ósseo nessa região foi ainda mais grave. Ao consumir os nervos e as articulações dessa parte do corpo, a doença fez com que João Paulo perdesse completamente os movimentos das pernas e dos pés.

Paraplégico e sentindo dores terríveis, o rapaz foi novamente internado em São Paulo. Outra bateria de exames e a proposta do médico: fazer mais uma cirurgia. "O médico me falou que eu tinha 30% de chance de voltar a andar após a intervenção", lembra. Acreditando que a operação daria certo, João Paulo resolveu arriscar e encarou outra sessão no centro cirúrgico. Quando acordou no quarto, depois de passado o efeito da anestesia, a primeira coisa que tentou fazer foi mexer a parte de baixo do corpo. "Quando vi que mexia os pés, tive certeza de que tinha dado certo", conta. João Paulo havia retomado os movimentos das pernas e, em pé mais uma vez, o jovem pode retomar seu caminho e seguir para sua cidade natal, Belém.

Não era ainda dessa vez que João Paulo se veria livre dos incômodos. Durante o período pós-operatório, o câncer avançou novamente. Em abril de 2007 foi detectada outra área de crescimento anormal de células em sua coluna e, assim como da vez anterior, o aumento rápido dos tumores levou os movimentos das pernas. Operar era arriscado e João Paulo precisou esperar mais de um ano sem poder andar, até ter condições para tentar uma nova cirurgia. Quando o batalhador João Paulo pode finalmente fazer a operação, recobrou mais uma vez o controle sobre os membros inferiores e conseguiu caminhar. Novamente em pé, deixou São Paulo e retornou para sua casa no norte do país.

Parecia que finalmente o problema havia regredido, até que, em agosto de 2011, ele foi surpreendido por um novo avanço da doença. João Paulo estava em casa, quando começou a sentir algumas pontadas no peito. Assustado, foi correndo ao hospital para pedir remédios para a dor, mas o que era para ser uma consulta, acabou virando uma nova internação. "Quando me recebeu, o médico decidiu me internar. No dia seguinte, eu já não conseguia mais nem pisar no chão", recorda. Os exames mostraram que a piora súbita havia sido causada por um novo tumor, dessa vez próximo ao osso da bacia. Essa era a razão pela qual, mais uma vez, ele não conseguia andar.

Crescimento de tumores e dores foram, pouco a pouco, tornando-se sinônimos para João Paulo. "O tumor ósseo causa muito incômodo porque vai comendo os ossos e as articulações e vai encostando nos nervos, causando dores terríveis", conta o rapaz. A associação entre a doença e as dores era tão grande que, para ele, sofrer fazia parte do tratamento, como se o incômodo fosse uma carga que deveria suportar para se ver curado. Quando as dores vinham, resistia bravamente, receoso que o interpretassem como "fraco". Os piores momentos, viveu ainda no início do tratamento, quando não recebia mais de uma ampola de morfina ao se queixar das dores. Os médicos e enfermeiros tinham medo de que uma dose maior pudesse gerar efeitos colaterais ainda piores. "Era uma tortura suportar o crescimento do tumor sem a analgesia adequada", relembra. "Sentia dores parecidas com a de ossos quebrando, acompanhadas por uma sensação de que havia um objeto pontiagudo furando meus órgãos por dentro". O incômodo atacava várias partes ao mesmo tempo, braço, peito, coluna... e João Paulo não sabia como reagir. Foi uma grata surpresa descobrir, em uma das internações, que era possível controlar a dor, amenizando o sofrimento enquanto seguia sua luta por um tratamento contra a doença oncológica.

Dentre as várias possibilidades que lhe foram apresentadas, a mais preciosa, certamente, foi a bomba de PCA (sigla em inglês para

"Patient Controlled Analgesia" ou analgesia controlada pelo próprio paciente). Isso porque antes de usar o aparelho, cada vez que as dores pioravam, João Paulo precisava chamar um enfermeiro e explicar o que sentia para, só então, o enfermeiro buscar o medicamento e aplicar mais uma dose de analgésicos. "Entre o momento em que pedia e o momento em que eu recebia o remédio, costumava sentir dores insuportáveis". Com o aparelho instalado por uma veia, João Paulo passou a controlar ele mesmo a medicação. "Eu escolhia quando não queria mais sentir dor", resume. A bomba é um equipamento programado pela equipe médica com a dose limite de analgésico que o paciente poderá consumir. Assim, quando as dores começam a se apresentar, o próprio paciente pode acionar um botão, que vai garantir a injeção de mais um pouco de remédio. Isso faz a medicação chegar mais rápido à corrente sanguínea e evita que a dor se agrave. "Cheguei no limite de 80 ampolas de morfina em um dia", relembra João Paulo. "A doutora não negou o medicamento, mesmo sendo uma dose alta porque, como ela mesma havia me falado, não existe uma dose máxima do opioide". A dose correta é uma equação entre a quantidade necessária para aliviar a dor e os efeitos colaterais causados pelo remédio - deve-se buscar o equilíbrio, com o máximo de eficiência analgésica e o mínimo de efeitos indesejados. Por isso, para cada pessoa há uma dose ideal, que deve sempre ser prescrita e orientada pela equipe de tratamento da dor. "Sempre reagi bem à morfina, ficava bem orientado depois da medicação. Por isso minha médica disse que não havia problema. Outras pessoas no hospital tinham receio porque nunca tinham visto um paciente usar tanta medicação", recorda.

Com a bomba de PCA, João Paulo conseguiu manter-se estável no pior momento da evolução da doença. "De 2011 para 2012 senti as piores dores da minha vida. Era como se entrasse um espinho no meu peito. Sou cantor e até para cantar uma nota mais alta sentia uma espetada que mal me deixava respirar", relembra. A essa altura, era possível contar mais de 15 tumores espalhados pelo corpo de João Paulo, alguns deles próximos a partes delicadas como a aorta e a medula óssea. Com o aparelho, ele conseguiu alívio das dores mesmo com o câncer em progressão, o que deu força para continuar o tratamento. "Fez muita diferença. Sem a dor, evoluí mais rápido, tenho menos medo de entrar em cirurgia, recupero-me melhor dos tratamentos, acordo melhor, durmo melhor, me alimento melhor. Às vezes até me esqueço de que estou em tratamento de câncer", brinca.

A ausência da dor deu, inclusive, mais ânimo para tentar um novo tratamento contra o tumor de células gigantes. Encorajado pela nova etapa em sua vida, João Paulo decidiu provar um fármaco ainda não comercializado no Brasil. Pediu, para isso, um protocolo especial que o autoriza a adquirir o medicamento no exterior e a tomá-lo em caráter experimental. O efeito até agora tem sido satisfatório: "Desde que iniciei esse tratamento, os tumores pararam de crescer", diz o rapaz, que após 15 cirurgias e com quase uma década ininterrupta de uso de medicamentos para controlar a doença, sente-se finalmente mais alegre. As esperanças renovadas foram sentidas em sua última alta, no segundo semestre de 2012. Depois de um dos períodos mais longos que passou hospitalizado, João Paulo decidiu fazer um agradecimento à dedicação da equipe médica que o acompanhou. A homenagem veio sob a forma daquilo que ele melhor sabe fazer: cantar. Reuniu alguns enfermeiros que sabiam tocar instrumentos e fez um show ali mesmo, em uma das salas do hospital. Arrancou lágrimas e aplausos com a música "O Sol", do grupo mineiro Jota Quest. Afinal, como na música, João Paulo pode dizer em alto e bom tom: "Ei, dor! Eu não te escuto mais. Você não me leva a nada. Ei, medo! Eu não te escuto mais. Você não me leva a nada". E, com essa certeza, ter forças para mais uma vez seguir sua caminhada.

Entenda o caso de João Paulo

O que é a dor oncológica?

João Paulo conhece bem de perto um problema muito comum aos milhões de pacientes que sofrem com o câncer: a dor. Ela é o fator mais citado como causa de sofrimento para quem tem doença oncológica, acomete entre 70% e 90% de quem possui a enfermidade em estágio avançado e 33% dos pacientes em tratamento em fase inicial. Em muitos casos (como o do rapaz), é pelo surgimento de dores que os pacientes decidem consultar um médico e descobrem o câncer. Em outros, o incômodo está associado aos métodos de diagnóstico, como as biópsias. Também durante o tratamento, após cirurgias, radioterapia ou quimioterapia, podem aparecer dores agudas ou dores crônicas. Mesmo após a cura do câncer elas podem persistir, arrastando-se por meses ou anos. Isso acontece porque muitas vezes o crescimento de tumores (ou mesmo o tratamento) causa alterações nos nervos responsáveis pela transmissão da dor ao cérebro, atrapalhando seu funcionamento.

Há três tipos principais de dores associadas ao câncer. A primeira delas, narrada por João Paulo, é causada pelo crescimento do tumor sobre ossos, nervos ou vísceras. A segunda forma é aquela proveniente do tratamento e a última é a dor não relacionada ao tumor ou a seu tratamento, como as dores musculares, a hérnia de disco lombar ou a enxaqueca. Estas últimas ocorrem em qualquer pessoa e também podem acontecer em quem tem câncer. Nesses casos, o incômodo não é provocado pela doença oncológica. É apenas uma coincidência que ambos ocorram ao mesmo tempo.

Os impasses no tratamento da dor oncológica

Quando o paciente de câncer sente dores, é fundamental procurar auxílio específico para esse problema. Dor e câncer não são sinônimos e a dor não tratada pode trazer outros prejuízos à saúde já fragilizada pela doença oncológica. Os incômodos podem fazer o paciente comer menos, não dormir bem e ter dificuldades para mover-se, além de aumentar os riscos de depressão, medo, angústia e isolamento social. Ainda assim, vários pacientes oncológicos não buscam ajuda, muitas vezes por esbarrar em uma série de informações erradas e de mitos relacionados ao tema, que acabam atrapalhando. Um erro comum é o paciente acreditar que a dor está sempre associada à expansão da área afetada, o que nem sempre é verdade. Outros, assim como João Paulo, pensam que o incômodo é inerente à doença e que só existe tratamento para os tumores, não para a dor - e, dessa forma, acabam sofrendo desnecessariamente. Junto dessas situações, aparece o medo de se viciar em opioides ou de sofrer com seus efeitos colaterais.

Infelizmente, não apenas os pacientes estão sujeitos a acreditar nesses mitos. Muitos profissionais de saúde também se guiam por tabus, o que pode acarretar em uma avaliação incorreta da dor ou mesmo em uma supervalorização dos riscos de se usar analgésicos opioides, como aconteceu durante muito tempo com João Paulo. Outro erro comum é concentrar o foco do tratamento apenas na cura da doença, em detrimento a uma assistência global cujo objetivo seja a qualidade de vida. Por fim, a própria legislação brasileira é muito restritiva ao uso de opioides, dificultando o trabalho das equipes especializadas no tratamento da dor.

Sem medo dos opioides!!!

Muita gente tem medo dos opioides por achar que eles podem causar vício. A dependência, porém, é extremamente rara em pacientes com câncer e esses medicamentos são fundamentais para o combate das dores oncológicas.

Sua ação se dá sobre receptores localizados no cérebro e na medula. Ao agir sobre essas áreas, os opioides reduzem a intensidade dos sinais nocivos que chegam ao sistema nervoso, gerando alívio quase imediato. Alguns dos medicamentos que pertencem a essa classe são a codeína e o tramadol (opioides fracos) e a oxicodona, metadona, fentanil e a morfina (opioides fortes). Esta última, certamente é a mais conhecida, a mais usada e a mais pesquisada entre os opioides.

Além de aliviar a dor, os opioides tem outros usos medicinais. Eles possuem efeito antidiarreico e de redução da tosse. Devido à sua potência, porém, esses fármacos devem sempre ser prescritos por um médico.

Como tratar a dor oncológica

Em 1986 a Organização Mundial de Saúde (OMS) propôs um meio simples, barato e eficaz para aliviar as dores do câncer, com sucesso entre 70% e 90% dos casos. O método ficou conhecido como "Escada Analgésica" e é usado até hoje, tendo passado por algumas revisões desde a sua criação (Ver imagem).Os princípios para a prescrição dos analgésicos de acordo com essa ferramenta podem ser resumidos em 5 tópicos:

Tópico 1: Qualquer que seja a intensidade do incômodo, um médico irá escolher o analgésico de acordo com o tipo e a severidade da dor. A orientação é para que, no primeiro degrau, o das dores leves, sejam usados os analgésicos simples. Já no segundo degrau, das dores moderadas, usem os opioides fracos. Por último, no terceiro degrau, o das dores fortes, recomendam-se os opioides fortes. Em qualquer um desses degraus da "Escada Analgésica" os fármacos adjuvantes devem ser prescritos. Eles podem ser antidepressivos, anticonvulsivantes, relaxantes musculares, corticosteroides ou neurolépticos, cuja função será auxiliar a ação dos analgésicos opioides, aumentando sua eficácia no alívio da dor, e, ao mesmo tempo, melhorando o apetite, o humor e sono.

Escada analgésica da Organização Mundial da Saúde (Adaptado)

Dor Forte
Degrau 3 Opioide Fraco
(Morfina, metadona, oxicodona, fentanil) + analgésicos simples
+ Adjuvantes

Dor Moderada
Degrau 2 Opioide Fraco
(Tramadol ou codeína)
+ analgésicos simples
+Adjuvantes

Dor Leve
Degrau 1 Analgésicos Simples
(Dipirona, paracetamol ou anti-inflamatórios não esteroides)
+Adjuvantes

Tópico 2: Sempre que possível, os analgésicos devem ser tomados por via oral. Ela é a mais indicada nos casos em que o paciente está se alimentando bem. Quando há ocorrência de vômitos ou outros fatores, como intolerância gástrica ou intestinal, outros canais podem ser usados para a administração dos analgésicos, como as vias endovenosa, subcutânea ou peridural.

Tópico 3: Os analgésicos devem ser administrados em intervalos regulares e fixos de tempo. Por isso, olho no relógio. Não se deve esperar o paciente sentir dor para ministrar a próxima dose da medicação. Afinal, se já se sabe que a dor irá voltar, por que esperar e sofrer?

Tópico 4: Quando se fala em opioides, vale a máxima de que cada caso é um caso. Nem todos precisarão de doses altas como as tomadas por João Paulo para se sentir bem. A quantidade correta é uma equação entre o máximo alívio e o mínimo de efeitos colaterais. Por isso, o correto é iniciar o tratamento com doses pequenas e, gradativamente, aumentá-las até obter o efeito desejado.

Tópico 5: Pequenos detalhes fazem a diferença no tratamento da dor oncológica.

Veja abaixo alguns exemplos:

- Os horários nos quais os analgésicos devem ser ministrados precisam ser bem detalhados;
- Os efeitos colaterais precisam ser previstos e o paciente deve saber o que fazer caso eles apareçam. Aumentar a ingestão de água e fazer uma dieta rica em fibras ajuda quem tem de usar opioides a evitar a constipação intestinal. Nesses casos, alguns laxantes também podem ser indicados;
- A equipe médica deve sempre estar atenta para revisar e reavaliar a eficácia do tratamento;
- As chamadas "doses de resgate", doses extras aplicadas em situações específicas, podem ser prescritas antes da fisioterapia, de esforços físicos ou em movimentos nos quais se prevê que apareçam dores mais fortes.

O que é o método de PCA?

Um dos recursos que mais tem se desenvolvido nos últimos anos para o tratamento da dor em ambiente hospitalar são os sistemas de controle de doses de fármacos. Anteriormente, neste capítulo, apresentamos o método PCA, surgido na década de 1960 (sigla em inglês para "Patient Controlled Analgesia" ou analgesia controlada pelo próprio paciente). O método consiste em um aparelho que injeta analgésico por via venosa ou peridural (Ver imagem). Seu acionamento é feito pela própria pessoa, que, ao sentir dor, aciona um botão e recebe uma dose extra de analgésico. A vantagem do PCA é que ele atende às necessidades de analgesia do paciente de uma forma individualizada e segura. Para garantir sua máxima eficácia, a equipe médica precisa orientar a pessoa a acionar o botão todas as vezes em que sentir dor, sem receio de tomar mais medicação que o necessário. Não há risco de sobredosagem porque existe uma trava de segurança no aparelho, o que impede que a dose extrapole o limite diário programado pelo médico. A grande vantagem desse método está em manter doses mais estáveis do medicamento na concentração sanguínea.

Analgesia Controlada pelo Paciente

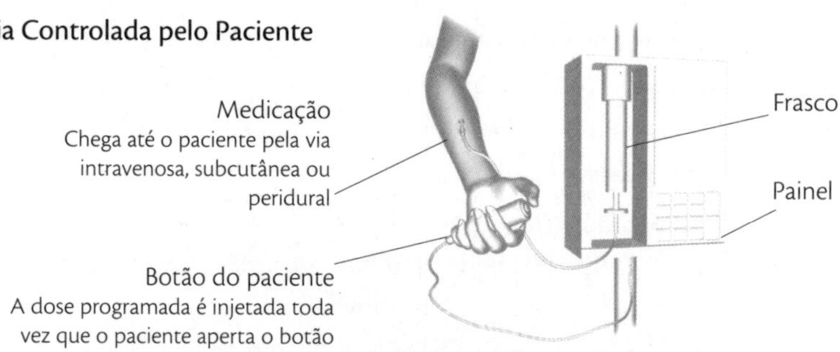

Essa não é a única novidade nessa área. Nos últimos anos, têm sido realizadas neurocirurgias para implantar bombas capazes de liberar os analgésicos diretamente sobre o sistema nervoso central do paciente que sofre de dor. É um método avançado e caro, usado nos casos em que o controle da dor é muito difícil. Além dessas soluções baseadas em bombas de liberação de analgésico, há muitas outras. Um exemplo são os bloqueios anestésicos, nos quais o medicamento é aplicado diretamente nos nervos, reduzindo a atividade elétrica destes. Outra possibilidade é a radiofrequência convencional e as neurólises químicas, que podem ser indicadas nos casos em que se pretende destruir a estrutura que está causando a dor. Na neurólise, uma substância queima os nervos responsáveis por gerar a sensibilidade, enquanto na radiofrequência o mesmo efeito é obtido por meio do calor proveniente de ondas térmicas. Devemos também lembrar de outras formas de terapia, como a acupuntura, as atividades artísticas manuais, as massagens, a psicoterapia, a musicoterapia e os exercícios físicos. Sob supervisão, essas atividades podem melhorar a qualidade de vida dos pacientes com câncer, reduzindo a desagradável sensação de sentir dor.

DICAS

- Câncer não é sinônimo de dor. Alguns pacientes não sentem incômodos durante a doença;
- Todos os tipos de dor são passíveis de tratamento;
- O tratamento da dor no câncer tem por objetivo melhorar a qualidade de vida do paciente;
- A correta prescrição analgésica deve começar o mais cedo possível;
- É importante a participação do paciente no controle de sua dor. Ele deve ajudar a equipe de saúde na avaliação detalhada e na caracterização do que sente;
- Dores durante o tratamento de um tumor não significam que a doença esteja progredindo;
- Dependência ou vício em opioides é algo extremamente raro entre a população oncológica;
- Os efeitos colaterais dos opioides são fáceis de serem controlados;
- Técnicas minimamente invasivas podem ser necessárias;
- A participação da família é fundamental na recuperação do doente;
- A equipe especializada de tratamento de dores pode atuar em conjunto com o oncologista desde o início do tratamento.

CURIOSIDADE

Os opioides recebem este nome por serem derivados do ópio. Eles podem ser extraídos naturalmente da papoula ou fabricados sinteticamente em laboratório. O potencial analgésico dos opioides está descrito pelo menos desde 5000 a.C.

A origem da palavra morfina faz referência a Morfeu, o deus dos sonhos na mitologia grega.

Dor no idoso

9

O "peso" da idade

Foi preciso quase um século para que a dor, acumulada durante anos, derrubasse o engenheiro Nilson. Depois de uma vida de trabalho pesado, abrindo estradas pelo interior brasileiro, viajando em lombo de cavalo e cabine de caminhão, chegou uma hora em que o corpo arrefeceu. Afinal, como ele mesmo brinca, que máquina existe no mundo que, como ele, tem quase cem anos e nunca precisou de manutenção? E, no seu caso mais especificamente, a "máquina" já saiu de fábrica com um defeitinho. Seu Nilson tem as pernas arqueadas, no estilo do jogador de futebol Garrincha, sendo uma levemente maior que a outra. Quando jovem, isso nunca foi problema. Com o passar do tempo, o "peso da idade" fez o que antes era só uma peculiaridade física se transformar em dor.

Primeiro na coluna, na região cervical. Depois na própria perna. Mas seu Nilson, do alto de seus 97 anos, é um homem forte e, apesar de tudo, nunca faltou vontade e nem saúde para se recuperar. Nascido em Minas, seu pai envasava cachaça e vendia cigarro. O filho, porém, nunca bebeu nem fumou. Sempre foi mais do esporte e da vida ao ar livre. Montar a cavalo, jogar futebol e pular corda, isso sim, eram atividades para ele. Talvez por isso, tenha esbanjado uma energia invejável durante toda a vida, o que permitiu fazer tudo o que fez e que coleciona no currículo.

Quando Nilson começou a trabalhar, ainda na década de 40, o Brasil era um país predominantemente agrário e com poucas alternativas de transporte entre as regiões. Seu primeiro emprego na engenharia foi como responsável pela construção de estradas de ferro. Um trabalho duro e que exigia bom físico. Era preciso cortar o terreno e limpar o mato antes de passar os trilhos. À cavalo, ele e os outros trabalhadores iam percorrendo o campo e delimitando o que viria a ser o caminho do trem que sai de São Paulo e vai até o Rio de Janeiro. Ele, como responsável pelo acampamento, tinha ainda de cuidar da logística para garantir abrigo e comida para os cerca de dois mil trabalhadores em regiões até então completamente desprovidas de tudo. Uma vida dura, mas da qual ele e a mulher nunca se queixaram. Pelo contrário, aproveitaram bastante os anos de juventude pelo interior brasileiro. Junto da conclusão das primeiras estradas, foram chegando os primeiros filhos e logo eram uma grande família, com nove crianças.

Com o passar dos anos, o trabalho de campo foi sendo substituído pelo escritório e as viagens a cavalo trocadas por uma intensa agenda de encontros por todo o Brasil, que exigia deslocamentos constantes de carro e avião. A rotina era movimentada e as funções iam se acumulando: na empresa que fundou, em sindicatos, na federação das indústrias, em convites para palestras. Seu Nilson estava sempre às voltas com encontros e reuniões nas mais diversas partes do país. Nada parecia ser capaz de parar o engenheiro, que seguia forte como uma daquelas locomotivas para as quais ele havia desbravado caminhos. Só uma coisa ameaçava o incansável seu Nilson: o tal "peso da idade".

Quando passou dos 60 anos começaram a ficar mais claros os sinais de que seu corpo não era mais o mesmo da juventude. Aquele desnivelamento nas pernas, que nunca havia sido um problema, às vezes incomodava. Não conseguia mais entrar e sair de um carro ou de um avião com a mesma destreza de outrora. Aos poucos, apareciam algumas dores. Doíam, mas logo passavam, e por isso ele não deu muita atenção a esses primeiros incômodos. Mesmo porque, quando não desapareciam sozinhos, bastava um remédio qualquer desses que se compra na farmácia - geralmente, um comprimido de Doril® - para conseguir colocar a situação sob controle.

O método funcionou durante algum tempo, mas com o passar dos anos, a situação saiu de controle. “Quando cheguei aos 90 anos, as dores se agravaram. Não me impediam de me mover, mas já me prejudicavam muito. Percebia que os tratamentos que estava fazendo eram paliativos: a dor parava, mas logo voltava”, recorda o engenheiro. Um exemplo era o comprimido de Doril®. Ele havia chegado ao ponto em que tomava um antes de cada viagem, para aguentar ficar sentado todo o tempo do percurso. Entretanto, percebia que à medida que o tempo passava, o efeito do remédio era mais curto: pouco tempo depois de tomar o comprimido, voltava a sentir as dores nas costas, nos braços e nas pernas. Já não podia mais dizer que o incômodo era algo episódico. Ele fazia parte de seu cotidiano: acordava todos os dias já dolorido, como se houvesse feito um esforço exagerado no dia anterior - o que certamente não era o caso, pois um dos efeitos das crises de dor era justamente o de tirar a força. Enquanto estava acordado e se movia, sentia uma leve melhora, mas, à noite, a sensação de incômodo piorava, muitas vezes atrapalhando seu sono. Mesmo assim, seguia cumprindo religiosamente todas as suas agendas, inclusive com a missa diária na igreja próxima a sua casa. Só não conseguia mais manter o mesmo humor nem o mesmo ânimo. Aqueles que sempre estavam ao seu lado percebiam com nitidez quando seu Nilson estava com dores - nesses dias, ele sempre estava mais fechado e reclamava do que sentia.

A gota d'água foi o dia em que faltaram forças enquanto estava no banheiro e ele acabou indo ao chão. O tombo assustou a família, em especial a mulher, dona Hilda, que tremeu ao pensar que algo pior poderia ter acontecido ao marido. Passado o susto, seu Nilson percebeu que as dores haviam se multiplicado, em especial na região da coluna, atingindo uma intensidade insuportável. Tal era o incômodo que já não conseguia mais manter seus compromissos, até mesmo as saídas para jantar com dona Hilda tiveram de ser canceladas. Não pôde também ir ao encontro anual da família, evento ao qual sempre comparecia. Esses impedimentos começaram a chatear ainda mais seu Nilson. Ele, que sempre gostou de estar ao lado da mulher em seus passeios rotineiros, se sentia frustrado por não poder fazê-lo. Como sempre fora um homem muito ativo, aborrecia não conseguir realizar nem mesmo o menor esforço sem sentir dores.

No entanto, como se costuma dizer, há males que vem para o bem. Com o agravamento da situação, seu Nilson resolveu fazer algo que há muito tempo deveria ter feito: buscar ajuda de um profissional para resolver o problema das dores que se agravaram com o passar da idade. Não o fez antes em parte porque pensava ser normal o que sentia, talvez uma consequência inevitável do envelhecimento. Só quando piorou de vez é que começou a suspeitar que deveria haver algum tratamento para aliviar o que sentia. Um médico amigo de um de seus filhos foi quem indicou uma clínica especializada no controle da dor e lá foi seu Nilson, junto da mulher dona Hilda. Ele chegou ao consultório com dificuldades para caminhar e se queixando muito de uma dor lateral na região das costas, que irradiava para braços e pernas.

Saiu de lá com a indicação de um procedimento de nome engraçado: deveria realizar uma vertebroplastia. A técnica minimamente invasiva é usada para tratar fraturas na coluna vertebral, especialmente em casos de osteoporose, que era, afinal, a razão da dor de seu Nilson. No método, é realizada uma injeção de cimento acrílico no interior da vértebra, o que devolve o poder de sustentação perdido com a idade. A vertebroplastia foi acompanhada por alguns medicamentos específicos para a dor. Essa foi uma das partes mais complicadas, pois os novos fármacos tiveram de ir, aos poucos, sendo ajustados aos outros remédios que já faziam parte da rotina do engenheiro. Como seu Nilson possui uma anemia crônica, precisa de transfusões frequentes de sangue e usa alguns remédios para evitar sobrecargas em seu coração. Foi um trabalho cauteloso, mas com resultados tão bons que seu Nilson hoje lamenta-se de não ter conhecido a clínica antes. Depois de ver como o marido melhorou, dona Hilda também se animou a tratar uma dor no joelho que a incomodava há alguns anos.

O "reparo", como diz seu Nilson, na coluna de um e no joelho de outro deixou o casal pronto para comemorar suas bodas de vinho. Os festejos dos 70 anos de casados foram no começo de 2014. Ele com 97 anos, e ela com 87, fizeram questão de estar presentes desde a missa, pela manhã, até o último minuto da festa, às 19 horas. Entraram no salão caminhando, acompanhados cada um por um dos filhos. Receberam as homenagens da extensa família, que hoje, além dos nove filhos, é formada por mais 18 netos e oito bisnetos. Dançaram a valsa sob os olhos atentos das três gerações de familiares e os aplausos da equipe de saúde. Ao fim, ainda foram para a casa e pediram uma pizza. "É uma alegria imensa e um enorme privilégio para nós tê-los assim conosco", considera Ana, uma das filhas de seu Nilson e dona Hilda.

Com as dores sob controle e a certeza de que o sofrimento não é o ônus que se paga pelo envelhecimento, seu Nilson já faz planos. Depois das bodas de vinho, o próximo passo é chegar aos 100 anos de idade esbanjando saúde. Afinal, sua "máquina" só precisava de alguns reparos para seguir em frente.

Entenda o caso de Nilson

O que é a dor no idoso?

"O peso da idade." Essa é uma expressão comum para definir o envelhecimento: como se o passar dos anos atuasse como uma espécie de peso sobre o nosso organismo. "O peso da idade" vai, aos poucos, levando a destreza da juventude. Conforme corre o tempo, a memória começa a falhar, a mão treme, o corpo muda. A força diminui, os ossos se tornam mais frágeis e as articulações não têm mais a mesma flexibilidade de antes. Essas alterações vão abrindo a brecha para o surgimento da dor persistente, que pode se tornar uma queixa comum para muitos idosos. Estima-se que mais da metade daqueles que vivem em comunidade sofram com a dor crônica na terceira idade. O percentual aumenta se analisados apenas os residentes em clínicas de repouso: entre esse grupo, o índice chega aos 80%. Gente que, como o engenheiro Nilson, sempre levou uma vida ativa mas que, de repente, começa a sentir o "peso da idade" – que muitas vezes vem como uma repentina sobrecarga, capaz de fazer tombar até os mais fortes.

Geralmente, a dor no idoso não vem só. Ela costuma ocorrer associada a outras doenças crônicas. Suas companheiras mais comuns são as desordens musculoesqueléticas, como as artroses e a osteoporose. O câncer (cuja incidência aumenta na terceira idade), o acúmulo de procedimentos cirúrgicos, as úlceras e as doenças cardiovasculares são outros fatores que também aumentam o risco de o idoso sentir dores. Há ainda as dores após ataques cardíacos e a dor neuropática proveniente de diabetes. Seja qual for o quadro, o mais comum entre os idosos é sentir incômodos de intensidade moderada ou severa, constantes, e que duram por anos e anos, com múltiplos focos e múltiplas causas.

Quando a dor crônica surge no idoso, é importante que a família e os cuidadores estejam atentos e auxiliem na busca por tratamento. Especialmente porque muitos pacientes não se queixam do que estão sentindo por considerar a dor uma consequência natural do envelhecimento e, portanto, algo com o qual devem aprender a conviver e contra o qual não há nada a fazer. Outro fator que pode ofuscar a presença de dor crônica na terceira idade é a perda da habilidade cognitiva do idoso. Pesquisas mostram que, em casos de demência avançada, o paciente costuma receber um tratamento mais precário contra a dor do que os idosos com o mesmo problema, mas com o sistema cognitivo preservado.

Há duas razões que explicam essa situação. Por um lado, o paciente terá mais dificuldade de verbalizar o que sente. De outro, muitas vezes a equipe de saúde acaba dando menos crédito ao relato de dor do idoso com demência, justamente por pensar que a piora na capacidade cognitiva pode fazer com que a pessoa reclame mais ou se queixe do que não sente. Entretanto, investigações específicas com essa população mostram que a maior parte dos pacientes com demência é capaz de descrever o que está sentindo. Além disso, nos casos de perda cognitiva mais severa, que afete a comunicação, outros elementos podem ser usados para descobrir se o paciente está sentindo dores, como veremos adiante. É preciso compreender que a dor possui um forte componente subjetivo, por isso as queixas não devem ser ignoradas, mas sim investigadas para descobrir o porquê delas existirem.

O fundamental é ter sempre em mente que a dor geriátrica é um problema de saúde pública que deve receber atenção especial, uma vez que a maior parte dos países já registra tendência de envelhecimento de sua população. O tema precisa ser mais pesquisado e debatido. Mesmo sendo os idosos a faixa etária mais afetada pela dor, são poucas as pesquisas que os incluem. Uma das razões é porque, até bem pouco tempo, esse grupo não fazia parte dos testes clínicos para o desenvolvimento de fármacos, o que fez com que pouco se descobrisse sobre as peculiaridades de sua dor.

Além disso, ainda é comum uma compreensão errônea sobre o problema entre os próprios cuidadores. Alguns dos equívocos comuns são acreditar que os idosos não toleram bem o uso de opioides (o que nem sempre é verdade) e que a sensação dolorosa diminui com o passar dos anos. Essa última impressão é causada por pesquisas que mostram uma pequena redução da resposta aos estímulos de dor na terceira idade, o que não significa que, quando a dor acontece, ela seja menos intensa. Pelo contrário, do que já se sabe, embora pareça haver uma reação menor às dores mais leves, os idosos estão mais expostos às dores fortes e persistentes. Outra falsa ideia é achar que se o idoso não verbaliza a sua dor, é porque ele está bem. Geralmente, as pessoas mais idosas esperam mais para relatar o incômodo e quando o fazem, já estão em estágios muito mais avançados que pessoas mais jovens.

Como diagnosticar a dor no idoso

Demência e dificuldade para a comunicação verbal podem ser grandes empecilhos para o diagnóstico, mas definitivamente não são um obstáculo intransponível. Existem outros sinais que podem ajudar a entender o que está acontecendo com o paciente, como suas expressões de dor ou a ocorrência de alterações no sono. Por isso, a observação é um dos elementos mais valiosos para o diagnóstico, devendo ser usada complementarmente ao exame clínico. Uma importante premissa é a de que, na maior parte das vezes, é mais fácil observar a dor no idoso enquanto ele se move do que em situações de descanso. Assim, movimentos cotidianos, como levantar, sentar, vestir ou comer, podem ser usados como ferramentas para se investigar se o paciente demonstra desconforto. A externalização do incômodo pode vir por meio de queixas em tom baixo, gemidos, expressões faciais de dor ou tentativas de fazer cessar o que o incomoda. "Massagear" o local dolorido também é um hábito comum e que indica que há algo errado com aquela região.

Um outro elemento que pode dizer muito na terceira idade é o humor. Comportamento agressivo ou arredio, assim como ansiedade, tristeza ou raiva podem ser sinais de dor. Existem várias formas de exame que combinam esses diversos elementos para ajudar no monitoramento da dor no idoso, especialmente nos casos de perda cognitiva. Um exemplo (Ver quadro abaixo) é a avaliação da dor para casos de demência avançada, na qual observa-se a respiração, queixas ou gemidos, as expressões faciais e a linguagem corporal.

PNAID - B: Tradução e adaptação cultural para português do Brasil

Itens*	0	1	2
Respiração Independente	Normal	Eventual dificuldade na respiração. Período curto de hiperventilação	Respiração ruidosa com dificuldade. Período longo de hiperventilação. Respiração Cheyne-Stokes
Vocalização Negativa	Nenhuma	Queixas ou gemidos eventuais. Fala em baixo volume com qualidade negativa ou desaprovativa	Chama repetidamente de forma pertubada. Queixas ou gemidos altos. Gritos e choros
Expressão Facial	Sorri ou inexpressivo	Triste. Assustado. Sobrancelhas franzidas	Caretas
Linguagem Corporal	Relaxado	Tenso. Agitado e aflito. Inquieto	Rígida. Punhos cerrados. Joelhos fletidos. Resistência a aproximação ou afastamento

Morete et al, 2013

Como tratar a dor no idoso

Como mencionado anteriormente, é comum a dor geriátrica ocorrer em paralelo a outras doenças. Essa combinação pode levar tanto ao mascaramento do diagnóstico quanto ao surgimento de indesejadas interações medicamentosas nos casos em que é necessário o uso de remédios para controlar o incômodo. O estado nutricional do idoso também deve ser bem avaliado, pois é comum que, com o passar dos anos, ocorram perdas nutricionais significativas, que podem aumentar o risco de efeitos colaterais durante os tratamentos, em especial quando se usam analgésicos. Para alguns pacientes na terceira idade, opioides, anticonvulsivantes e alguns antidepressivos usados no controle da dor podem acabar provocando sensações indesejadas, como a sedação excessiva, ou deixando o paciente confuso e um pouco desnorteado.

Por essa razão, os analgésicos simples são o tratamento mais usado para a gestão da dor persistente leve ou moderada, particularmente aquela associada a condições musculoesqueléticas. Isso não significa que opioides, anticonvulsivantes e antidepressivos sejam descartados, mas sim que é necessário realizar um balanço dos benefícios e riscos de seu uso antes de sua indicação. A maior parte das diretrizes para o tratamento do idoso enfatiza que o uso de remédios é mais eficaz quando combinado com abordagens não farmacológicas. Alguns exemplos do que pode ser feito são a fisioterapia, assim como métodos psicológicos (como o relaxamento e a terapia cognitivo-comportamental), as intervenções sociais e as terapias complementares (como a acupuntura) . Elas são uma maneira de garantir alívio sem que sejam necessárias altas doses de medicação, evitando os problemas anteriormente descritos de interação medicamentosa ou de efeitos adversos.

Entenda como o envelhecimento muda a reação aos fármacos

	Mudanças naturais da idade	Efeitos gerados por enfermidades
Absorção e função gastrointestinais	O trânsito gastrointestinal mais lento pode prolongar os efeitos de medicamentos administrados por via oral e enteral e de liberação contínua; O efeito de redução do trabalho do intestino, natural com o uso de analgésicos, pode ser mais pronunciado em idosos	Enfermidades que alteram o PH gástrico, assim como cirurgias podem atrapalhar a absorção de vários fármacos
Absorção trans-dérmica	Há poucas alterações, o que mais irá influenciar é a tecnologia escolhida para a aplicação	A temperatura mais alta nas febres e o dispositivo tecnológico escolhido podem gerar alterações
Distribuição	O aumento da proporção de gordura na composição corpórea pode alterar a distribuição de fármacos lipossolúveis (que se acumulam na gordura)	A obesidade, junto do envelhecimento, pode aumentar o tempo de ação dos medicamentos no organismo
Metabolismo hepático	Pode haver redução da oxidação hepática, o que prolongará o tempo de ação de certos remédios sobre o organismo; Enzimas citocromo, importantes para o metabolismo celular, podem sofrer modificações	A cirrose, hepatites ou tumores podem levar a alterações no processo de oxidação das enzimas no fígado
Excreção renal	A capacidade de filtrar dos rins diminui com a idade, o que pode levar a uma menor produção de urina e consequente acúmulo dos medicamentos que deveriam ser eliminados; A menor capacidade renal prolonga a atividade dos metabólitos ativos (aquelas substâncias ativas e que devem ser eliminadas)	A presença de doença renal crônica pode predispor o paciente à toxicidade renal; Pode ocorrer o prolongamento do tempo de ação dos medicamentos no organismo
Efeitos colaterais dos anticolinérgicos*	Maior confusão mental, constipação, incontinência, perturbações do movimento	A presença de enfermidades neurológicas agrava o quadro

* Comumente usados para tratar cólicas, doenças neurológicas e dilatar as pupilas

Fonte: Sociedade Americana de Geriatria

Além disso, algumas terapias minimamente invasivas também têm mostrado bons resultados, como as técnicas de injeção intra-articular ou a vertebroplastia - ilustradas no caso de seu Nilson e dona Hilda.

Um bom tratamento é de extrema importância para garantir qualidade de vida ao paciente idoso. Quando não se realiza o controle sobre a dor crônica, o quadro pode progredir, causando outros distúrbios. Alguns reflexos comumente encontrados são: depressão, ansiedade, isolamento, problemas do sono, distúrbios alimentares, perda de peso, problemas cognitivos e limitações na realização das atividades diárias. Pesquisas com esse grupo etário mostram que os idosos com presença constante de dor usam mais os serviços de saúde que aqueles que não sofrem com o problema. Especificamente entre pacientes que sofreram fraturas no quadril e foram operados, a analgesia inadequada e a ocorrência de dor intensa após a cirurgia leva a uma maior confusão mental, a uma recuperação mais lenta e a maior dificuldade de movimentação. Por isso a importância de controlar a dor, seja qual for a idade do paciente.

Mitos comuns sobre a dor – contrastados com a realidade

Mito: A dor é uma parte inevitável do processo de envelhecimento.

Realidade: A dor crônica é comum após os 65 anos e condições dolorosas, como as degenerações articulares (osteoartrose e artrite), realmente aumentam com a idade. Entretanto, isso não significa um problema inevitável, nem que deve ser tolerado pelo idoso. Caso a dor esteja incomodando o paciente, há tratamentos e eles precisam ser usados.

Mito: Idosos com demência são incapazes de relatar sua dor.

Realidade: Vários estudos têm mostrado que pessoas com demência, mesmo aquelas com intensidade moderada ou grave, podem relatar de forma confiável sua dor. Nesses casos, o mais importante é a realização de uma avaliação individual do paciente antes de decretar que ele não consegue reportar seu sofrimento e usar escalas comportamentais específicas.

Mito: A dor é fundamentalmente um problema emocional ou psicológico.

Realidade: A dor não está "na cabeça do paciente". Há razões físicas que a explicam. No entanto, emoções negativas podem piorar a percepção da dor em uma pessoa, o que torna importante identificar quais são os fatores que podem estar afetando o humor do idoso.

Mito: Médicos (as) e enfermeiros (as) são experts sobre dor.

Realidade: Não, o idoso é o verdadeiro especialista. A dor é uma experiência complexa e subjetiva e, por isso, quem melhor saberá descrevê-la é quem a sente. Quando o idoso não puder reportar a sua dor, seja por causa de comprometimento cognitivo ou de acidente vascular cerebral, a pessoa que melhor o conhece (seja um familiar ou o cuidador que o acompanha) deve ser consultada.

Mito: É importante resistir a dor.

Realidade: Resistir à dor ainda é um ato muito valorizado em nossa sociedade e um comportamento comum entre as pessoas mais velhas. Infelizmente, calar-se vai tornar ainda mais difícil o diagnóstico e o tratamento. Por isso, o paciente deve aprender a relatar o que sente. Os cuidadores também precisam entender que a dor não é um resmungo sem motivação. Ela é um sinal de que algo vai mal e deve ser levada em consideração.

Mito: Qualquer condição dolorosa causa a mesma quantidade e tipo de dor em todas as pessoas.

Realidade: A percepção da dor é afetada por muitos fatores, como a presença de lesões anteriores, estresse, fadiga, além do componente psicológico e emocional. Duas pessoas podem responder de forma completamente diferente ao mesmo estímulo de dor.

Mito: Não há muito que possa ser feito para aliviar a dor dos idosos residentes em casas de repouso para a terceira idade.

Realidade: Há sim muito que pode ser feito. A gestão eficaz da dor crônica muitas vezes requer um tratamento que vá além de medicamentos, incluindo estratégias não farmacológicas, como atividades físicas e de relaxamento. Família e paciente também precisam ajudar. É preciso ser, ao mesmo tempo, esperançoso e paciente para conseguir bons resultados.

(Conteúdo adaptado e traduzido de Geriatric Pain Website- www.geriatricpain.org)

DICAS

- Envelhecimento não é sinônimo de dor;
- Mesmo idosos com demência aguda podem relatar seu sofrimento. Não se deve ignorar as queixas do paciente apenas porque ele tem demência;
- Existem várias peculiaridades na hora de se receitar medicamentos a pacientes na terceira idade. É preciso avaliar bem o seu estado nutricional e checar a presença de outras doenças, assim como o uso de outros medicamentos;
- Família e cuidadores são fundamentais para ajudar no controle da dor no idoso, incentivando o paciente a manter as esperanças e a ser paciente durante o tratamento.

Dor na criança e síndrome de dor complexa regional

10

Dor desde sempre

Até agora, todas as histórias deste livro tinham algo em comum: eram de adultos que, em algum momento de suas vidas, foram interpelados pela dor crônica. Este último capítulo, porém, é diferente. Ele conta a história de Bruna, uma menina que teve de aprender desde cedo a lidar com a dor. Hoje ela é uma jovem de 18 anos, que tem muito a ensinar sobre como enfrentar esse sofrimento, que ela conheceu bem de perto aos três anos de idade. Bruna ainda ensaiava os primeiros passos quando sentiu pela primeira vez um forte incômodo. "Era como se estivesse parada sobre brasas e alguém começasse a espetar coisas nos meus pés", tenta definir a garota. Como as queixas da menina seguiam, a família decidiu levá-la ao médico para tentar descobrir o que acontecia. Voltaram do consultório com a indicação de alguns analgésicos simples que deveriam ser usados sempre que ela tivesse uma dessas crises de dor – ainda periódicas e não muito fortes. Com a receita e as orientações em mãos, seus pais voltaram para a casa, acreditando que o distúrbio seria passageiro. Afinal, a filha era ainda tão criança para ter algum problema mais sério de saúde.

Semanas, meses e anos se passaram, mas os remédios e as orientações recebidas não pareciam suficientes. Sempre que havia uma crise, Bruna era logo socorrida e recebia a medicação. Sentia alívio, as dores desapareciam, mas o problema continuava a assombrá-la. Com um agravante: com o passar do tempo, o incômodo começou a ser mais intenso e a se espalhar para outras partes do corpo. Não sentia mais dores somente nos pés, agora elas também estavam nas mãos. A piora valeu uma nova visita ao médico, que decidiu por um tratamento mais forte, à base de opioides e remédios capazes de agir sobre o sistema nervoso. E, assim, a menina que mal havia completado sete anos passou a viver cercada por medicação pesada e muitos cuidados. Uma rotina bem diferente daquela dos seus colegas da mesma idade. Por causa da dor, Bruna não raro perdia aula e, muitas vezes, não podia juntar-se aos amigos para determinada brincadeira – que exigia muito do seu corpo, debilitado pela doença. As provas, acostumou a fazê-las em casa, muitas vezes não conseguia sair da cama em dia de teste. Habituou-se também a ser sempre a aluna ausente nas festinhas e nos eventos da turma. Enquanto seus colegas reclamavam da pressa do tempo, especialmente nas horas de brincadeira, Bruna passou a infância torcendo para que a semana acabasse logo, para ver se ficava livre das dores. "Perdi minha infância. Passei mais tempo com dor que na escola ou com meus amigos", conta a menina.

Quando tentava burlar as limitações impostas pela doença, os resultados, não raro, eram desanimadores. Guarda na lembrança passeios, viagens e aniversários que, de repente, eram interrompidos por causa de uma de suas crises. Como quando seus pais resolveram levá-la e aos irmãos para passear em um hotel fazenda. À época, a menina tinha dez anos e seus irmãos mais velhos, Gabriel e Larissa, 12 e 16, respectivamente. Parecia tudo perfeito. Os pais haviam escolhido um espaço com piscina, cavalos para montar e muitos bichos para aquela que seria a primeira vez das crianças em um sítio. Queriam um fim de semana para ficar na memória. E o momento realmente é lembrado até hoje pela família, mas por razões bem diferentes das desejadas. As horas dentro do carro causaram dores por todo o corpo da pequena Bruna, que ao chegar ao sítio, mal podia mover-se. Durante todo o fim de semana, a menina não conseguiu sair pela porta do quarto. Não foi à piscina, não viu bichos, não passeou pelo campo. Andar a cavalo, então, nem pensar. Tentando animá-la, Gabriel e Larissa montaram acampamento ao lado da cama da irmã mais nova. O esforço, entretanto, foi inútil. O incômodo se prolongou por todo o fim de semana e o hotel fazenda ficou na lembrança de Bruna como mais um passeio frustrado pela dor.

O desditoso evento fez os pais da menina decidirem por trocar o médico da filha novamente. Com dez anos, ela já acumulava no currículo mais de dez especialistas, entre eles neurologistas, dermatologistas, pediatras e ortopedistas. Nenhum deles, até então, tinha sido capaz de encontrar um tratamento eficaz para Bruna, que não conseguia passar nem uma semana sem ser novamente interpelada por uma crise. A cada recaída, as dores vinham mais fortes, deixando sem efeito os opioides que deveriam garantir alívio à pequena. Preocupados com a situação fora de controle e por indicação de uma médica que já atendia a menina, os pais de Bruna decidiram levá-la a uma clínica especializada no tratamento de dor. Era a primeira vez que eles ouviam falar sobre esses espaços e, diante da falta de resultado das outras terapias, pareceu uma boa ideia tentar algo novo.

Logo à primeira consulta, foi sugerido um tratamento diferente dos anteriores. A equipe médica propôs a realização do bloqueio de alguns nervos. Era o início de mais uma batalha por opções mais eficazes para garantir a Bruna uma vida sem dor. Ao todo, foram feitos três bloqueios: dois aos 11 anos e um aos 12, com resultados bem diferentes. No primeiro, para a alegria da menina, houve uma redução significativa nas dores que sentia.

No segundo, porém, a eficácia do método não foi a mesma, e o alívio foi bem menor. Já no terceiro, as dores nos pés voltaram enquanto ela ainda estava na sala de cirurgia. Para os médicos, o insucesso era sinal de que os bloqueios ainda não eram o tratamento ideal para Bruna. Para a garota, no entanto, o procedimento foi a gota d'água para perder as esperanças.

Foi quando o incômodo físico prolongado começou, aos poucos, a gerar um quadro grave de depressão. "Fisicamente, sentia uma dor tão intensa que tinha de parar tudo. E a depressão não me deixava mais responder a isso. Não tinha mais vontade de viver", relembra a menina. A piora obrigava tratá-la não apenas no âmbito físico, mas também emocional. Durante um ano, Bruna recebeu cuidados psiquiátricos e tratamento com medicamentos antidepressivos. Esse reforço da terapia complementar foi o que lhe devolveu a calma necessária para testar outros métodos para o controle de sua dor.

Recuperar a serenidade foi fundamental, pois foram necessários algum tempo e algumas tentativas para se encontrar um método eficiente para controlar a doença. Bruna passou por duas pequenas operações para a retirada de alguns feixes de nervos simpáticos. A primeira, aos 13 anos, e, a segunda, aos 14. Nessas tentativas, mais uma vez, a menina experimentou reações diferentes do seu corpo à intervenção. Enquanto o primeiro procedimento ofereceu alívio, o segundo foi ineficaz e as dores voltaram. Os resultados fizeram a equipe médica optar por um método um pouco mais radical que os bloqueios ou a retirada de feixes nervosos: a neuroestimulação medular. O procedimento é reservado àqueles casos de difícil tratamento da dor neuropática. O método consiste em uma cirurgia minimamente invasiva, por meio da qual são colocados pequenos eletrodos junto à medula espinhal. Através de estímulos, é possível moderar a dor sentida pelo paciente. O alívio, como no caso de Bruna, nem sempre é imediato. "Nos primeiros meses, quando estava acertando o aparelho, ainda sentia muita dor", conta. Depois, porém, o incômodo começou a ficar mais fraco e, no último ano, a menina não teve mais de duas ou três crises.

Com o problema finalmente sob controle, Bruna experimenta uma nova fase de sua vida. É certo que o longo período de convivência com a dor deixou sequelas, como a cadeira de rodas que foi obrigada a adotar por causa da atrofia causada nos pés pela falta de movimento. A vontade de viver da garota, porém, é muito maior que qualquer uma dessas contrariedades impostas pela dor crônica. Após riscar o problema da agenda, Bruna conseguiu tempo e forças para correr atrás de um sonho que, nos tempos de dor, parecia sempre distante: o de cursar uma universidade. Longe da cama, encarou os livros e conseguiu passar no vestibular para jornalismo. Na universidade tem encontrado um novo mundo, ainda melhor que aquele que, à distância, imaginava. Um mundo de superação e de realização acadêmica e pessoal. "Costumo falar que vida mesmo eu passei a ter após a faculdade", brinca Bruna. Se no passado a menina se via às voltas com faltas e mais faltas marcadas na lista de chamada, ela agora pode se gabar de acumular pouquíssimas ausências em sala de aula. A presença constante tem lhe permitido conhecer gente e fazer muitos amigos, algo que também não experimentou quando era criança. E foi entre seus novos amigos, durante a festa para os calouros, que ela percebeu pela primeira vez que estava realmente bem. Não sentia nenhuma dor, nenhum incômodo, nenhuma angústia. "Estava todo mundo em um bar, no comecinho do semestre, e eu percebi que eu também estava lá. Estava sorrindo e estava melhor. Foi quando percebi que agora vivo uma nova vida, sem dor", conta.

E se a lembrança de sua primeira vez no sítio era permeada por tons de gris, sua primeira viagem sem os pais, no fim do ano de 2011, rendeu recordações cheias de cor. A decisão de entrar no carro e pegar a estrada não foi fácil – afinal, se até então, viajar era sinônimo de sofrimento para a menina, imagine fazê-lo sem ter alguém da família por perto. Ainda assim, com o apoio dos amigos, Bruna decidiu enfrentar a estrada e tentar mais uma vez. Era um momento novo na sua vida, as dores estavam controladas, por que não fazer uma experiência? Reuniu coragem, fez as malas e, com outros 12 colegas do curso de jornalismo, pegou a rodovia rumo a Itupeva, no interior de São Paulo. Vencida a viagem sem maiores problemas, era hora da maior prova: sair do carro. Aos primeiros movimentos após descer do veículo, mal pode acreditar: não sentia nenhum incômodo, finalmente, o trauma estava superado. Foram três dias inesquecíveis para a jovem, que a fizeram sonhar com voos ainda mais altos. "Quero conhecer Paris e o Canadá", responde de pronto quando perguntada sobre quais as próximas viagens em mente. Diferentemente de quando era criança, quando a menina torcia para o tempo correr para a dor passar, agora ela quer mais é que as coisas andem devagar, para ter tempo de desfrutar de tudo que tem direito.

Entenda o caso de Bruna

O que é a dor na criança?

De um lado a infância, período da vida compreendido como uma fase cheia de alegrias e de leveza, sem grandes preocupações ou frustrações. De outro, a doença crônica, uma enfermidade sem cura, que requer vigília por parte dos pacientes durante o resto de suas vidas. Como duas coisas tão opostas podem se encontrar na vida, como aconteceu com a pequena Bruna? Infelizmente, infância e doença crônica não estão tão distantes como gostaríamos. Durante muito tempo, porém, a própria medicina se recusava a acreditar nesse possível encontro. O efeito sobre o conhecimento científico dessa interpretação aberrante foi devastador: no último século, muito pouco foi estudado e descoberto sobre o que ocorre em casos como o da menina, de dor pediátrica. Sem evidências científicas, as decisões sobre o tratamento ficavam à mercê das crenças e experiências pessoais de cada médico. Muitos acreditavam que, no pequeno organismo infantil, a dor não atingiria intensidades tão fortes quanto aquelas observadas nos adultos – e, portanto, os pequenos pacientes poderiam ser tratados com analgésicos mais fracos. Somado a isso, havia um receio generalizado de que meninos e meninas estariam mais susceptíveis a se viciar em medicamentos à base de opioides, o que fazia com que a maior parte dos profissionais evitasse esse tipo de tratamento em crianças.

Como resultado, durante décadas, os avanços no tratamento da dor não eram aplicados à dor pediátrica, fazendo que a maior parte das crianças que desenvolvia o problema, sofresse desnecessariamente. Algumas poucas investigações envolvendo meninos e meninas dão ideia de como era a situação. Uma pesquisa de 1968, por exemplo, realizada em uma unidade de tratamento intensivo, mostrava que apenas 14% dos pequenos pacientes internados recebia opioides para o alívio da dor. Além disso, somente 3% das crianças que se recuperavam de cirurgias eram medicadas com analgésicos. A razão era a aparente "boa tolerância daqueles meninos e meninas ao desconforto".

Esse panorama começou a mudar dentro da comunidade científica apenas nos últimos 30 anos, quando começaram a aparecer observações mais avançadas sugerindo que a dor não é uma exclusividade da vida adulta. Pelo contrário, ela é sentida desde bem cedo, surgindo quando ainda estamos no útero de nossas mães. Aos poucos, foi sendo revelado que, ao contrário do que se imaginava, quando o assunto é dor, o organismo infantil é mais frágil que o do adulto. A razão está no fato de que, embora o sistema nociceptivo seja criado ainda no útero, ele segue em formação após o nascimento, o que faz sua responsividade aos estímulos ser maior nos pequenos que nos adultos.

Além de comprovações científicas para a existência da dor pediátrica, outro importante avanço foi a descoberta de os estímulos dolorosos serem vivenciados de formas muito diferentes em cada criança. O sexo, a idade, o temperamento, as experiências prévias com a dor, o nível cognitivo e até mesmo a família e a comunidade onde esse menino ou menina está inserido influenciam sua reação, tornando ainda mais subjetiva a experiência dolorosa. É uma equação complexa que irá determinar o efeito final: a dor na criança envolve o que a criança e os pais entendem (como dor), o que eles e a equipe de saúde decidem fazer e como todos se sentem após essa intervenção. Destrinchar todos esses componentes foi fundamental para o desenvolvimento de métodos mais apropriados para mensurar e definir os diferentes tipos de dor pediátrica.

Nesse novo cenário, a idade da criança passou a fazer diferença. Hoje se usam avaliações distintas de acordo com a faixa etária do paciente, obedecendo a pelo menos três grandes grupos de idade: lactentes, pré-escolares e escolares/adolescentes (ver quadro "Análise da dor de acordo com a idade"). Os tratamentos também foram, pouco a pouco, ganhando destaque. Em 1987, um estudo desfez a antiga crença de que não era preciso receitar analgésicos para os pequenos, ao provar que a morbidade e a mortalidade eram maiores nos grupos de meninos e meninas não medicados. Depois dessa revelação, finalmente as crianças passaram a receber os medicamentos em doses mais adequadas e em intervalos regulares. Em 1995 o Conselho Nacional dos Direitos da Criança e do Adolescente, por meio da Resolução 41, aprovou e declarou o "direito de não sentir dor, quando existirem meios para evitá-la".Outro tabu que foi vencido foi o da contraindicação de opioides para os pacientes infantis. O que se descobriu é que, desde que bem indicado e aplicado, não há problemas em se usar esses medicamentos para o tratamento de crianças.

Métodos de avaliação da dor de acordo com a faixa etária

	Relatos da criança	Alterações do Comportamento	Alterações Fisiológicas
Lactente	Não ocorrem de forma objetiva	Expressões faciais (fronte saliente, sulco naso labial aprofundado, tremor de queixo, etc), choro, irritabilidade, movimentos do corpo, observar padrões de sono e alimentação	Aumento da frequência cardíaca, pressão arterial, frequência respiratória e sudorese
Pré-escolar	Escala de Palavras, de Faces, de Cores	Redução do lazer, redução da atenção, irritabilidade, alteração de sono e apetite	Ocorrem em dores agudas
Escolar e Adolescente	Autorrelato, Escala de Faces, Visual Analógica, Escala Numérica de Dor, Diagrama corporal	Irritabilidade, redução da atenção	Ocorrem em dores agudas

Todos esses avanços mudaram muito o perfil das intervenções para controlar a dor pediátrica. Isso não significa, todavia, que todo o caminho já foi trilhado. É necessário ainda se conhecer melhor o modo como o sistema neurológico se desenvolve nos primeiros anos de vida. Atualmente, é sabido que as crianças estão particularmente vulneráveis à dor devido à maior sensibi lidade em comparação aos adultos. Agora é necessário aprender mais sobre o modo como os sinais oriundos dos estímulos dolorosos são processados durante a infância. Outro ponto obscuro e que precisa ser melhor elucidado é uma possível maior vulnerabilidade das garotas adolescentes à dor crônica, quando comparadas a seus pares masculinos.

Escala de Faces Wong-Baker

0 1 2 3 4 5

Classificação de dor:

- 0 - sem dor
- 1 - 2 - dor leve
- 3 - dor moderada
- 4 - dor forte
- 5 - dor insuportável

Escala de Faces por Maurício de Sousa

Avançar nessas áreas é fundamental, uma vez que a dor na infância pode gerar sequelas físicas e psicológicas para toda a vida. Além disso, embora pouco conhecido, o problema tem uma prevalência relativamente grande. Calcula-se que a dor seja uma das causas mais comuns para o atendimento de meninos e meninas nos serviços de emergência, com prevalência em torno de 52% a 61% dos casos. As origens mais frequentes para o incômodo são traumas, infecções e inflamações. As crianças também podem sofrer com cefaleias, dores lombares, articulares, miofasciais ou qualquer outra síndrome dolorosa. Quando não tratadas, as dores contínuas podem gerar modificações no desenvolvimento da criança, dando lugar a problemas duradouros, como distúrbios alimentares e do sono e déficit de atenção e do aprendizado.

O que é a síndrome de dor complexa regional?

Demos o primeiro passo para entender o caso de Bruna ao explicar a dor em crianças e adolescentes. Todavia, como foi dito, várias podem ser as causas de síndromes dolorosas na infância e diversos podem ser os sintomas apresentados. No caso de Bruna, o problema que tanto afligia a garota atende por um nome longo: é a síndrome de dor complexa regional. Esse nome foi dado há menos de 20 anos, pela Associação Internacional para o Estudo da Dor (IASP) e caracteriza um tipo de incômodo que acomete uma das extremidades do corpo, causando inchaço, maior sensibilidade, sudorese, alteração de coloração e dificuldade de movimento. Quando a entidade criou o termo, o objetivo era unificar diversos tipo de dor semelhantes, como a distrofia simpático reflexa, a causalgia, a algodistrofia e a atrofia de sudeck. Ao reunir essas enfermidades, a IASP estabeleceu critérios gerais de diagnóstico e classificou em dois grandes tipos:

Tipo 1: Nesses casos, um pequeno ferimento ocorre antes do surgimento dos sintomas, sem evidência de envolvimento do sistema nervoso. A resposta a essa lesão inicial, entretanto, é totalmente desproporcional ao evento desencadeante e a dor passa a ser sentida além do território de um único nervo periférico. Essa é a forma mais comum da síndrome complexa regional, atingindo mais de 80% dos pacientes que possuem essa alteração.

Tipo 2: (Causalgia): Instaura-se depois de lesões de um tronco nervoso e está limitada à região de distribuição do nervo inicialmente lesado. Em alguns casos, a dor pode ampliar-se e atingir uma distribuição regional.

No caso de Bruna, ela tinha uma doença dermatológica genética rara, conhecida como Síndrome de Meleda, que causa descamação nas mãos e pés. Foi justamente depois da manifestação da doença, que a menina começou a sentir as dores. De acordo com os estudos realizados para se determinar a prevalência desse tipo de dor, elas são mais comuns entre mulheres (razão de 3:1) e adultos jovens. Casos como o de Bruna são relativamente raros.

Como diagnosticar a síndrome de dor complexa regional

O diagnóstico da síndrome é clínico. Os sintomas mais comuns são dor, sudorese e alteração de temperatura, reações que são comuns também a outras doenças, como as vasculites, a artrite reumatoide e a trombose venosa. Por isso, o diagnóstico ainda na fase inicial pode ser difícil. Exames complementares podem ajudar a resolver o intrincado quebra-cabeças, excluindo outros problemas e fazendo o diagnostico diferencial. Pacientes com a doença geralmente possuem pelo menos uma das alterações descritas abaixo:

- Excesso ou perda de sensibilidade na região afetada;
- Alterações na temperatura ou na cor da pele;
- Surgimento de edemas, excesso de sudorese;
- Limitação na amplitude do movimento, tremores, contração involuntária dos músculos, fraqueza ou alterações no crescimento dos pelos e das unhas.

Já em relação aos exames complementares, podem ser solicitados a termografia, o doppler e a cintilografia óssea. Nas fases mais tardias, na qual predominam as atrofias, exames radiológicos podem ser necessários. Por meio deles é possível perceber as alterações nos ossos, que começam a ficar mais frágeis pela redução de mobilidade, e, em alguns casos, é possível identificar nas imagens a destruição das articulações e outras alterações degenerativas. Era essa a situação de Bruna quando a menina começou a usar a cadeira de rodas para se movimentar.

Como tratar a síndrome de dor complexa regional

Como os mecanismos envolvidos no surgimento e na manutenção da síndrome de dor complexa regional são ainda desconhecidos, o tratamento para essa enfermidade é um desafio para os médicos. Sabe-se que existe uma disfunção do sistema nervoso simpático, porém, a maior parte dos métodos aplicados não possuem evidências científicas sólidas. O que se faz é adaptar estratégias usadas em outros tipo de dor, especialmente nas neuropáticas, porém, nem sempre o tratamento é capaz de apresentar resultado sobre todos os aspectos peculiares à síndrome. Essa é a razão pela qual acontecem situações como as que vimos neste capítulo, em que um método é incapaz de gerar o efeito esperado por tempo prolongado e é preciso apelar para outro até se encontrar o tratamento adequado.

Sem alívio, é comum instaurar-se um círculo vicioso no qual, para se defender da dor, o enfermo passa a evitar movimentos ou determinadas posições, o que gera deformidades, posturas viciosas e, por fim, mais dor, como ilustra a história da garota. Isso torna a síndrome de dor complexa regional extremamente incapacitante se não tratada precocemente. Em um estudo da década de 1980, mostrou-se que apenas um a cada cinco pacientes conseguia retomar suas atividades normais. Esse alto poder incapacitante implica em um atendimento multidisciplinar para os casos da síndrome, de modo que não apenas se garanta o alívio da dor, mas também a reabilitação dos membros afetados e apoio emocional ao paciente. Atualmente, há grandes chances de se reverter a síndrome, desde que ela seja diagnosticada e tratada em sua fase inicial.

O QUE É A NEUROESTIMULAÇÃO NEURAL?

Como mostrado no caso de Bruna, quando as terapias convencionais falham no tratamento da dor crônica, uma das opções que tem se mostrado eficaz é a neuroestimulação medular. O método tem sido usado nas situações em que a equipe médica constata que as outras tentativas, como os medicamentos e os bloqueios, são insuficientes para gerar bons resultados. Quando isso acontece, é feito o implante de eletrodos sobre a medula. O procedimento foi descrito pela primeira vez no alívio da dor crônica intratável no final da década de 1960. De lá pra cá, o sistema evoluiu muito e passou a ser recomendado para os casos de dores neuropáticas ou síndrome de dor complexa regional em que não há alívio ao paciente após 12 a 16 semanas de tratamento convencional.

O método de neuroestimulação usado atualmente consiste em, após anestesia local, colocar eletrodos (pequenos fios flexíveis e finos, com condutores elétricos) nas costas do paciente, dentro da coluna vertebral. Esses eletrodos são conectados a uma pequena bateria, que irá gerar corrente elétrica de baixa intensidade.

Esse estímulo agirá então sobre as regiões doloridas, promovendo alívio ao paciente. Isso acontece porque a corrente elétrica é capaz de modular as alterações existentes no sistema nervoso central dos pacientes. Estudos de eficácia do método mostram que, em mais de 70% dos casos, há redução da dor e do edema após o uso de neuroestimulação, com a melhora do fluxo sanguíneo, normalização da temperatura e diminuição da disfunção muscular.

DICAS para a dor na criança

- Como ocorre em adultos, ao submeter uma criança a uma cirurgia devem ser tomadas todas as providências possíveis para aliviar a dor, antes, durante e depois da operação;
- Queixas de dor devem ser levadas a sério. Hoje há vários métodos para aferir o tipo e a intensidade do incômodo sentido pela criança;
- A atenção dos pais a modificações do humor e do comportamento é fundamental, especialmente nas fases em que a criança ainda não consegue verbalizar o que sente.

DICAS para a síndrome de dor complexa regional

- É importante buscar tratamento cedo, pois a enfermidade pode causar danos irreversíveis;
- Fique atento: se após alguma lesão (mesmo que pequena) surgir dor, sudorese, mudança de coloração e de temperatura do membro, busque um centro especializado para o tratamento da dor;
- Bons resultados para o tratamento dos casos avançados têm sido obtidos por meio dos bloqueios simpáticos ou do uso da neuroestimulação.

Ufa!